LOS BUENOS MODALES Y LAS BUENAS COSTUMBRES EN EL CRISTIANO

LOS BUENOS MODALES Y LAS BUENAS COSTUMBRES EN EL CRISTIANO

Por: Samuel Guajardo Cruz

Eliud A. Montoya, editor

PALABRA PURA
palabra-pura.com
2024

Los buenos modales y las buenas costumbres en el cristiano.
Copyright © 2024 por Samuel Guajardo Cruz
Todos los derechos reservados
Derechos internacionales reservados
ISBN: 978-1-951372-47-7

A reserva de algunas citas breves en libros, artículos y críticas literarias (mencionando la fuente), ninguna parte de este libro puede ser reproducida en ninguna forma por medios mecánicos o electrónicos, incluyendo almacenaje de información y sistemas de reproducción sin permiso previo por escrito del autor. Apreciamos mucho HONRAR los derechos de autor de este documento y no retransmitir o hacer copias de éste en ninguna forma (excepto para el uso estrictamente personal). Gracias por su respetuosa cooperación.

Editor: Eliud A. Montoya
Diseño de portada y contenido: Sweet Sardaneta
Editorial: Palabra Pura, www.palabra-pura.com
CATEGORÍA: NO FICCIÓN JUVENIL /
Tópicos sociales/ Buenas maneras y etiqueta

Editado en Frederick, OK
Impreso en Estados Unidos de América
Printed in the United States of America

CONTENIDO

INTRODUCCIÓN 1

CAPÍTULO I
EL CUIDADO PERSONAL.. 5

CAPÍTULO II
LOS DEBERES EN FAMILIA 17

CAPÍTULO III
LOS DEBERES CON LA FAMILIA EXTENDIDA...................................27

CAPÍTULO IV
LOS DEBERES CON LA IGLESIA... 33

CAPÍTULO V
LOS DEBERES EN LA ESCUELA Y EN EL TRABAJO 41

CAPÍTULO VI
LOS DEBERES CON EL GOBIERNO...55

CAPÍTULO VII
LOS DEBERES EN LA COMUNIDAD 61

CAPÍTULO VIII
EL TRATO CON LOS DEMÁS EN SITUACIONES FORMALES 69

CAPÍTULO IX
EL TRATO CON LOS DEMÁS EN SITUACIONES INFORMALES 81

CAPÍTULO X
EL TRATO CON LOS PERSONAS DEL SEXO OPUESTO.....................87

CAPÍTULO XI
REGLAS DE ETIQUETA AL TOMAR LOS ALIMENTOS 97

CAPÍTULO XII
EL LENGUAJE CORPORAL Y LA COMUNICACIÓN NO VERBAL .105

CAPÍTULO XIII
EL TRATO HACIA LOS ANIMALES Y PLANTAS 113

CAPÍTULO XIV
EL TRATO HACIA PERSONAS CON CONDUCTAS NOCIVAS 121

CAPÍTULO XV
DE MÚSICA, POETA Y LOCO 125

CAPÍTULO XVI
INTEGRIDAD, SANTIDAD Y HONESTIDAD 129

CAPÍTULO XVII
LOS ROLES SOCIALES DEL HOMBRE Y LA MUJER 133

ANEXO:
EVALUACIÓN DE UN BUEN CIUDADANO CRISTIANO 142

«Mas vosotros sois linaje escogido, real sacerdocio, nación santa, pueblo adquirido por Dios, para que anunciéis las virtudes de aquel que os llamó de las tinieblas a su luz admirable»
(1 Pedro 2:9)

A mi esposa Irene, y a mis hijos Jonathan, Isaí y Eva

AGRADECIMIENTOS

Mis más sinceros agradecimientos, en primer lugar, para mi esposa Irene, quien me ha enseñado a comportarme mejor cada día. Agradezco también a mis hijos: Jonathan, Isaí y Eva, a quienes amo tanto, ellos me han dado un gran motivo para vivir agradecido con Dios por sus bendiciones, y proclamar de su amor al mundo. Asimismo, agradezco a mi amigo y hermano Eliud A. Montoya, a quien aprecio y quien me ha ayudado en la elaboración de este libro.

INTRODUCCIÓN

La etiqueta y los buenos modales no son temas anticuados o pasado de moda; más bien, son de las cosas más relevantes en nuestros días. En una sociedad en donde cada vez las tareas repetitivas son realizadas por las máquinas y las computadoras, el trato social se vuelve algo extremadamente relevante.

Es algo que quizá parezca ser entendido por todos, y tan simple como la manera en que se debe sostener un tenedor o una cuchara; pero, créeme, los buenos modales y la etiqueta es definitivamente mucho más que eso. Los buenos modales y la etiqueta tienen que ver con el respeto, con la consideración de los demás, con el ambiente, con la bondad que muestras con todos y con todo lo que te rodea. Es también la práctica de la inteligencia emocional: un arte que se aprende. Esta es necesaria para hacer sentir bien a los demás y que estos gocen de tu compañía. Tiene que ver con el hecho de lucir siempre deslumbrante, y con una finura que te dará una ventaja competitiva en la vida.

Estamos viviendo en una generación de cambios drásticos y vertiginosos, los modos de comunicación están cambiando y los comportamientos de las personas también; sin embargo, los modales y la etiqueta tienen un punto esencial y una consideración siempre constante: se adecuan al cambio, pero prevalecen.

La educación y práctica de la etiqueta y los buenos modales nos hacen comportarnos con confianza, con seguridad; una persona que muestra esta educación se convierte en más atractiva y su liderazgo es más próspero.

Para un cristiano, el mundo en sí es enemigo de Dios, como lo dicen las Escrituras; sin embargo, hay una belleza en los hijos de Dios que atrae al mundo, hay una finura, un liderazgo, una autoridad, un poder de Dios que nos hace irresistibles. Dios nos llena de su amor para ser agentes de cambio. El apóstol Pablo dice: «Vuestra gentileza sea conocida de todos los hombres» (Filipenses 4:5); y el apóstol Pedro dice también: «Sed todos de un mismo sentir, compasivos, amándoos fraternalmente, misericordiosos, amigables». Esto significa que es un mandato de Dios mostrar buenos modales, ser personas agradables y afables; que el mundo vea que hay algo especial en nosotros, porque somos, como dice 1 Pedro 2:9 —el pasaje que he elegido como punto de partida—, «linaje escogido, real sacerdocio, nación santa». Es decir, gente especial, el pueblo que lidera y está a la cabeza de las naciones para la gloria de su Nombre.

La etiqueta y los buenos modales no solamente nos hacen sentir importantes y más humanos, sino también hacen sentir importantes a quienes nos rodean. Tú puedes hacer sentir a los demás las personas más importantes sobre la tierra, sin que lo merezcan ante sus propios ojos; y quizá, nadie antes les había hecho sentir así en su vida. Es natural que las personas deseen convivir y estar cerca de una persona así; y esa es una de las señales que hacen distintivos a los hijos de Dios.

El conocimiento y la práctica de la etiqueta y los buenos modales son una herramienta poderosa para mostrar a la gente cuánto la amamos y cuánto nos preocupamos por ella. Es el cumplimiento del mandamiento supremo de Cristo, «amarás a tu prójimo como a ti mismo». Las personas verán que nos preocupamos por ellas, que estamos pensando en su bienestar, y se sentirán valoradas y apreciadas.

Algunos piensan que los buenos modales y la etiqueta es algo temerario, piensan en una instructora con vestido largo y anticuado, con una regla en la mano, lista para golpear en los nudillos a quien no cumple con las reglas. ¡Nada más lejos de la realidad! Precisamente los buenos modales y la etiqueta tienen que ver con la sonrisa, con el buen humor, con reír, con pensar positivamente, con hacer que una persona se sienta cómoda cuando está cerca de nosotros, eso es consecuente con lo divino, con la posición de realeza que Dios nos ha otorgado como sus hijos.

Hoy vivimos rodeados de grandes desafíos. Existe en la sociedad una destrucción o degeneración de la conducta cívica de los individuos. Se nos enseñan en la escuela principios tales como la honestidad, la integridad, etc., pero en la práctica, estos principios no se aplican en muchos casos. No obstante, hay muchas otras cosas que están fuera del programa educativo oficial, y que se deberían aprender en casa. Desafortunadamente, basta que una generación no enseñe a la otra para que esta educación esencial se pierda, y el resultado es este: las nuevas generaciones no saben cómo comportarse adecuadamente, y los cristianos mismos carecen de esta educación tan importante.

En todos los aspectos, nuestra sociedad y cultura es cambiante; por ello debemos todos colaborar, en la medida de nuestras posibilidades, para mejorar nuestro entorno y nuestro espacio. Desde la casa donde habitamos hasta los vecindarios y áreas comunes dentro de la comunidad tales como calles, tiendas, centros de trabajo, escuelas, iglesias, etc., todo esto merece nuestra atención.

INTRODUCCIÓN

Para mejorar deberíamos estandarizar los aspectos de nuestra convivencia diaria, y la de los sistemas que actualmente utilizamos en nuestro pensamiento y comportamiento. Efectuar cambios individualmente es siempre odioso, lo sé, pero si los hacemos, esto contribuirá para cambiar también nuestro entorno. Quizá no logres poner en práctica todas las ideas que en este libro estaré presentando, pero quiero que al menos trates de que exista en ti, luego de la lectura de este libro, algún tipo de adaptación y modelación de tu conducta, pues te aseguro, que sus frutos serán maravillosos.

Así que, entendiendo nuestro entorno actual y la sociedad en la que estamos inmersos, nos corresponde que miremos cabalmente cómo actuamos y cómo podemos mejorar como ciudadanos y como personas, y seamos así mejores hijos, mejores padres, mejores estudiantes, mejores amigos, mejores cristianos.

En este libro veremos los aspectos principales de nuestra conducta: de los deberes para con los demás y para con nosotros mismos; de los buenos modales y la etiqueta. Cosas que mejorarán nuestra vida personal y comunitaria; la de nuestros hijos y familias, la de nuestros amigos, y, en fin, la de todos aquellos con los que convivimos, en todas partes en donde interactuamos con ellos.

Este libro no tiene la intención de establecer ideas inamovibles, ni tampoco trastocar las tradiciones ni costumbres de una familia en particular. Más bien, las ideas que aquí presento son ideas generales, cosas que han funcionado universalmente y están probadas por muchas generaciones.

Los buenos modales y la etiqueta siempre obedecerán a preceptos bíblicos. El Creador, es quien mejor sabe cómo es que los seres humanos deben comportarse entre ellos para que el amor genuino sea denotado y tengamos armonía entre nosotros. Dios desea que nos comportemos como gente de gran finura y elegancia, y que siempre seamos así, pensando en cumplir con su mandamiento: «amarás a tu prójimo como a ti mismo». Por tanto, todas mis conclusiones tienen una base bíblica.

CAPÍTULO I
EL CUIDADO PERSONAL

No es egoísta pensar primero en mejorar nosotros mismos antes de poder ayudar a mejorar a otros, siempre y cuando tengamos a *los otros* en mente. Si tú primero no cambias, jamás lograrás ayudar a cambiar a nadie más. Un cambio integral solo se puede lograr con la ayuda de Dios, y Él está más interesando que tú mismo en que lo hagas. Por tanto, trata de invertir suficiente tiempo en ti mismo, pues si lo haces, no solo estarás beneficiándote tú, sino estarás beneficiando a todos los que te rodean. Serás magnético para ellos, teniendo muchas oportunidades para presentarles a Cristo. Ocuparte primero de ti mismo es de hecho la mejor forma de estar preparado para servir, y de eso es precisamente de lo que se trata la educación que estamos estudiando en este libro.

Por lo tanto, iniciaremos hablando del comportamiento hacia nosotros mismos. Efesios 2:10 dice: «Porque somos hechura suya, creados en Cristo Jesús para buenas obras, las cuales Dios preparó de antemano para que anduviésemos en ellas». Así que, debemos entender que somos creación de Dios, Él nos hizo, somos su obra maestra y fuimos hechos con la finalidad de hacer *buenas obras*. Estas buenas obras variarán de una persona a otra, pues Dios ha reservado cierto plan para uno que es diferente al de otro. No obstante, se puede decir, que hay *buenas obras* que son comunes a todos; hay cosas que, independientemente de nuestro llamado, de nuestro ministerio, de nuestra cultura y de nuestro entorno, deberán ser realizadas por todos. Y estas buenas obras tienen mucho que ver con el cuidado que debemos tener de nosotros mismos, pues haciendo esto, estaremos en mejor posición para ayudar a otros.

Así que, antes de que seas capaz de hacer esas buenas obras para los demás, ocúpate de las obras que conciernen a tu persona, y verás que Dios te dará la fuerza para ser útil y fructífero en aquello a lo que Él te ha llamado, y servirás a los demás con alegría.

LA SALUD ESPIRITUAL

En primer lugar, debes ocupar suficiente tiempo en tu salud espiritual. El tiempo es un recurso no renovable muy limitado y cada persona tiene sus días contados aquí; por tanto, ten mucho cuidado de administrar bien el tiempo, y jamás escatimes en dedicar suficiente para tener comunión con Dios. Siendo tú un cristiano, uno que ha nacido de nuevo, debes estar en comunión con tu Papá celestial tanto tiempo sea posible. Pablo le dice a Timoteo: «Ten cuidado de ti mismo…. Pues haciendo esto te salvarás a ti mismo y a los que te oyeren» (1 Timoteo 4:16). También Jesús les dice a sus discípulos en varias ocasiones: «Pero mirad por vosotros mismos…» (Marcos 13:9; Lucas 17:3; Lucas 21:34).

Por tanto, pon tu vida espiritual en primer lugar y separa un tiempo especial cada día para concéntrate únicamente en Dios. Ora suficiente tiempo, no menos de media hora, y dedica otro tiempo aparte para leer y meditar las Escrituras. Entre más tiempo dediques a estar con Dios, más poderoso (a) serás para vencer en esta vida en todas tus luchas. Y cuando ores, sé sincero y utiliza la Biblia para orar; ora con fe, creyendo que Dios te oye y te ayudará en todas las áreas de tu vida. Ora que tu oración sea dirigida por el Espíritu Santo y pide sabiduría para cumplir con el mandamiento de amar a tu prójimo como a ti mismo. Cuando ores, no olvides decirle a tu Padre celestial que lo amas, y siempre menciona el Nombre de Jesús, el Nombre más dulce que existe sobre la tierra.

Cuando leas la Biblia, procura tener un cuaderno y una pluma para que anotes tus pensamientos. Puedes usar una tableta u otro dispositivo de tu conveniencia. Sobre todo, trata de comprender bien lo que lees, y pide ayuda al Espíritu Santo; no obstante, también pregunta de aquello que no entiendas a los maestros de la Palabra.

LA SALUD FÍSICA

La salud física es algo muy importante. Cuando estamos en Cristo, nuestro cuerpo se convierte en el templo del Espíritu Santo, y nuestra responsabilidad es cuidar de él. Si no tienes una buena salud no podrás servir a Dios y esto te traerá sufrimiento aquí en la tierra, no solo para ti, sino para los que amas. Lo contrario de la salud es la enfermedad, por lo tanto, debemos luchar constantemente contra de este mal que es tan común en nuestros días. Aunque el cuerpo fue diseñado por Dios con mecanismos para curarse por sí mismo, y Dios lo mantiene en salud, es muy importante invertir tiempo diariamente en lo concerniente al cuidado de la salud, pues este es un aspecto muy esencial.

LA ALIMENTACIÓN

La ingesta de una dieta balanceada desde la temprana edad es clave para conservar la salud. El consumo en exceso de azúcares y carbohidratos podría ser dañino para órganos vitales del cuerpo tales como el hígado o los riñones, y este tipo de dieta puede llevarnos a una esclavitud alimenticia.

Como sabemos, existen solo tres fuentes de energía para el cuerpo: las grasas, los carbohidratos y las proteínas. De estas tres fuentes de energía, los carbohidratos es la que más se debería evitar, así es más conveniente una dieta rica en grasas vegetales saludables y proteínas, antes que una rica en carbohidratos y pobre en proteínas y grasas. Desde luego, los vegetales y las frutas deben ser también parte de esa dieta balanceada. Todos los alimentos fueron creados por Dios para nuestro bien, y ninguno es de desecharse, si se toma con acción de gracias; sin embargo, debes poner atención en lo que comes.

No digo que no consumas alimentos dulces en lo absoluto, pero sí que sea con moderación, con inteligencia. Hay mucha información respecto a esto en la web. Dios, en su infinita sabiduría y amor nos ha provisto deliciosos alimentos de los cuales podemos disfrutar; Él dijo al hombre: «De todo árbol del huerto podrás comer», y solo prohibió comer del árbol de la ciencia del bien y del mal. Luego, cuando tuvo trato con el pueblo de Israel en el desierto, les dio instrucciones para su alimentación, prohibiendo aquello que les pudiera ser dañino.

Jesús dijo que lo que contamina al hombre no es la comida (Mateo 15:11); no obstante, no se refería a que una persona tenía licencia para comer desordenadamente y en exceso, ni que la alimentación no fuese algo importante; más bien, Él se refería a que el pecado es el peor contaminante que existe, no la comida. Por cierto, Jesús mismo disfrutaba de los alimentos que le ponían delante y los comía con acción de gracias.

Está comprobado que lo que más enferma a la gente es el exceso de comida. Las personas en general piensan que comer esto o aquello les dará salud, pero es más saludable *no comer* —es decir, comer moderadamente—, que comer. La gente piensa que si come mucho de algo que es bueno esto garantizará su salud, pero la verdad es que incluso el alimento más saludable, si se come en exceso, resultará dañino.

Cuando viajas es muy importante tomar las precauciones debidas, pues las verduras y el agua que te ofrecen (o que inclusive podrías comer o beber en los restaurantes) podrían estar contaminadas.

La recomendación en tales casos es no comer alimentos de venta ambulante; beber únicamente agua embotellada de marcas reconocidas y cepillarse los dientes con agua embotellada también. Recomiendo no agregar cubitos de hielo a las bebidas, y evitar leche, postres, helados y repostería de fácil descomposición. No está por demás decir que es muy importante que te mantengas siempre lavándote las manos, y si te apetece comer alguna fruta, es mejor que la laves y peles tú mismo antes de consumirla.

Si viajas con frecuencia te recomiendo tener entre sus pertenencias un botiquín para estar preparado: analgésicos, repelentes para mosquitos, antiácidos, digestivos, y un termómetro. Si tiene problemas de alergias, procura las medicinas necesarias para el caso.

Hay ocasiones que te pueden ofrecer comida que no te apetece o que no estás acostumbrado a comer. Si esto sucede, no debes negarte a comerla categóricamente, pues esto ofenderá al anfitrión o a quien te la ha ofrecido; lo que puedes hacer es disculparte diciendo que tal comida o bebida no hace bien a tu salud o que afecta tu buen descanso; debes presentar con cortesía tus disculpas y agradecer la gentileza que te han mostrado.

Finalmente, siempre tienes que tener en mente que hay una estrecha conexión de la salud física con la sanidad del alma y del espíritu. Dios creó al ser humano con tres elementos: espíritu, alma y cuerpo, y estos tres están estrechamente ligados. Está comprobado que existen enfermedades físicas que son producto de las enfermedades del alma; y cualquier enfermedad física podría ser un estorbo para la oración, la meditación en las Escrituras y el servicio cristiano; por tanto, procura siempre mantener una vida de fe, porque la fe es la que vence al mundo.

EL EJERCICIO FÍSICO

Otra de las cosas importantes para mantener una buena salud es el ejercicio físico y el descanso. El cuerpo humano necesita ejercitarse continuamente para mantenerse en forma; esto debe hacerse sin exagerar, pero con constancia y con un ritmo de acuerdo al estilo personal de cada uno.

Las actividades atléticas usando tu propio cuerpo para ejercitarse podrían ser las ideales, pero también puedes auxiliarte de algún equipo y pesas. Caminar es un muy buen ejercicio, el cual se puede hacer con compañía. Se puede disfrutar en un paseo matutino, temprano por la mañana quizá al amanecer, después de pasar un tiempo con Dios. Es maravilloso disfrutar de la naturaleza y contemplar la creación de Dios. Un paseo temprano no solamente se puede disfrutar solo o sola, sino también con uno o dos acompañantes, manteniendo una charla amena con él/ellos o ella/ellas, que mutuamente pueden también animarse a persistir. El ejercicio matutino te ayudará a estar más despierto y aprovechar el día al máximo. Trata de no abordar temas controversiales ni incurrir en debates; el objetivo es fomentar la amistad y el compañerismo. Con todo, recuerda siempre que debes ser disciplinado, y que tu disciplina no depende de los demás. Para los que no puedan ejercitarse por la mañana, pueden hacerlo por las tardes o noches. Eres libre en alternar la rutina dependiendo de cada situación particular.

Hay quienes necesitan un ejercicio más intenso, para ellos se recomienda inscribirse a un gimnasio, lugar en donde se puedan ejercitar más; claro, bajo la supervisión y tutela de un experto, quien es muy posible que esté disponible en esos lugares.

Solo se deben cumplir algunas condiciones. Para empezar, tu motivo debe ser simplemente estar saludable o para perder peso; y para estas cosas se necesita mantener una dieta balanceada y una rutina de ejercicios. El moldear el cuerpo (físicoconstructivismo) no debería ser un fin para ti, y no lo recomiendo debido al consumo excesivo de tiempo, y porque no tener la meta de la salud en sí, sino solo de la apariencia corporal.

En días con condiciones adversas para caminatas afuera, como lo serían días lluviosos, muy fríos, etc., podrías tener una máquina caminadora o bicicleta estacionaria, máquinas que bien pueden estar en un área dentro de casa, la que resulte más conveniente. Si no cuentas con estas máquinas, puedes hacer ejercicios en casa con tu propio cuerpo tales como sentadillas, desplantes, abdominales, ejercicio de la rueda, y otros. Y ejercicios aeróbicos como saltos de tijera, elevación de rodillas, saltos de sentadilla, *burpees*, etc.

Debes ser sabio y prudente al escoger el ejercicio a realizar y la cantidad de ejercicio, dependiendo de la condición personal y del consejo de algún experto. Una vida sedentaria, y con una alimentación pobre con el tiempo resultará en una mala salud, por lo que la dieta y el ejercicio físico deben de ser parte de los buenos hábitos de un buen ciudadano y un buen cristiano.

No recomiendo el uso de suplementos alimenticios sin la supervisión de un profesional, se deben evitar los productos que prometen pérdida de peso sin ejercicio y que prometen ayudarte casi de una forma mágica, estos generalmente son un fraude y pueden causar daños a tu salud.

En cuanto al descanso, este es muy importante para tu salud física. Se han hecho estudios muy serios en cuanto a esto, y se ha descubierto que una persona que duerme menos de siete horas por noche es tres veces más propensa a enfermedades que la que promedia al menos ocho. Si no tienes un buen descanso esto te hará más propenso (a) a ganar peso, afectará tu buena memoria, tu habilidad para aprender, tu metabolismo, tu sistema inmunológico y otras funciones vitales. Por tanto, la disciplina comienza con irte a la cama temprano a fin de que puedas también levántate temprano para las cosas que deseas hacer bien. Un buen descanso, incluso es más importante que hacer ejercicio, pues es esencial para regenerar tu cuerpo y tu mente.

Para lograr un buen descanso, procura que el lugar en donde duermes esté libre de ruidos, que se mantenga con una temperatura agradable y sea lo suficientemente cómodo. La oración te ayudará a mantener tu mente libre de preocupaciones, pues las preocupaciones es la primera causa del insomnio. También una cena moderada te ayudará a tener un buen descanso cada noche.

LA SALUD MENTAL

La salud mental es esencial para el bienestar humano. Cada persona necesita tener una mente saludable, y esta mente saludable es aquella que está libre de amarguras, rencores, odios, preocupaciones, afanes, ansiedades, estrés, temores, pesares, tristezas, etc. Aun aquellos que son buenos cristianos a veces pasan por etapas en la vida en donde experimentan algunas de estas *enfermedades del alma* —producto de problemas, tragedias, enfermedades, etc., — cosas que merman la paz. Cierto es que cuando existen demasiadas presiones en la vida, estas nos provocan daños a la salud, si bien, es imposible que no vengan problemas y dificultades, la manera en que lidiamos con estas cosas es clave para mantener una buena salud mental.

Para tener una buena salud mental es importante alimentar nuestra mente de cosas buenas. Hay muchos libros excelentes en donde aprendemos cosas que nos traen muchos beneficios. Antes que todo, el Libro en donde encontramos fe y el alimento para nuestra mente y espíritu es la Biblia, la Palabra de Dios. La gente que tiene una mentalidad de fe en Dios es la más feliz, y la gente más feliz es la más atractiva. La Biblia dice: «El corazón alegre hermosea el rostro» (Proverbios 15:13).

Una mentalidad siempre positiva es algo que Dios siempre quiso para nosotros; Él quiere que nos comportemos así para con todos. Una persona de fe en Dios, dice la Biblia, agradará a Dios, pues sin fe es imposible agradar a Dios (Hebreos 11:6). Al estudiar la Biblia podemos auxiliarnos de diccionarios y comentarios bíblicos, estos recursos nos ayudarán a entender mejor lo que leemos.

Por otro lado, debemos tener mucho cuidado con series de televisión, video juegos, películas, videos, etc., pues muchas de estas cosas están llenas de violencia y de cosas sucias; tienen contenido sexual y predican filosofías contrarias a la Biblia. Estas exponen puntos de vista erróneos como «normales»; y despiertan la imaginación de manera negativa para fantasear y pensar en cosas que no aprovechan o que son pecaminosas. En general, estas cosas contienen aquello que no nos hace crecer como cristianos ni como personas; son solo cosas que ensucian la mente y degeneran al ser humano. Claro, no todo es malo, pero elegir entre toda la basura que hay en el mundo podría ser una labor compleja.

Socialmente es bueno tener amistades con quien compartir, tener pláticas amenas y edificantes. Las charlas con personas que compartan nuestra misma fe nos serán de mucha edificación y alegría. A estos debemos tratar como a nosotros nos gustaría ser tratados, brindando una constante sonrisa y hablando siempre positivamente. Si acaso comentas a una persona tus planes debes hablar con pasión y entusiasmo.

Es interesante que la palabra *entusiasmo* proviene de la palabra griega «*entheos*», que significa «Dios dentro». Y las personas más felices y más interesantes, son aquellas que han encontrado el secreto para mantener su entusiasmo, es decir, a Dios dentro.

No permitas que nada mate tu entusiasmo. Por ejemplo, es famosa la expresión «ten un plan B», sin embargo, debes tener cuidado porque tener un plan B puede matar la fe y el entusiasmo y hacer que caigas en él inconscientemente, es un estado mental de derrota desde el principio. Es siempre mejor tener una fe completa en Dios y esperar que Él se encargará de cumplir el «plan A». Por cierto, es importante que tengas cuidado con quién comentas tus planes, pues no todas las personas son de tu mismo sentir, sé selectivo en eso.

Y cuando converses, siempre mira a los ojos, varía las tonalidades de tu voz, varia tus temas; sé líder en la dirección de los temas, pero condescendiente en los temas que aquel con quien conversas le interesa. No rodees demasiado un tema sin pasar a otro, pues eso es aburrido; deja que las ideas fluyan, para eso es que sirve la buena lectura. Sin embargo, si ocupas tu tiempo en aquello que te he dicho antes (televisión, video juegos, películas, videos, etc.), encontrarás que estas cosas tan solo han sido una pérdida de tiempo, y no te ayudarán a la obra de sostener una conversación interesante.

Sé aquel que celebre todo, desde lo más pequeño hasta lo más grande. Si acaso enfrentas una gran dificultad, refuerza tu vida de oración y llena tu mente más de la Palabra de Dios para que tengas la suficiente fe para salir adelante y vencer. Pide a Dios en oración que te dé su mente para que aprendas que todas las cosas tienen solución y Él te dirá qué hacer. Aun en las situaciones adversas procura mantener una sonrisa y un buen humor. En tiempos de sosiego, siempre debes estar preparando tu vida para las tormentas, esta preparación consiste en estar constantemente meditando en la Palabra de Dios, y manteniendo una vida de comunión con Dios mediante la oración, estas cosas te ayudarán poderosamente a tener una buena salud mental.

LA LIMPIEZA PERSONAL

La limpieza comienza desde el lugar en donde uno mora. No es necesario vivir en un palacio o en una mansión para tener pulcritud en nuestra morada; y una casa modesta, pero bien limpia, siempre será preferible a una gran residencia, pero sucia.

Una casa siempre debe estar perfectamente limpia. Tu cuarto y la cama donde duermes, adornada, limpia, purificada de todo y en orden. Si es posible, debes procurar esencias aromatizantes y tanta luz como sea posible. Hay pocas cosas más desagradables que una morada sucia y que huele mal. Los cristales deben estar desempañados, y los baños desinfectados; los pisos limpios, las alfombras bien aspiradas y libres de olores desagradables, las paredes siempre bien pintadas y los muebles sin polvo y con brillo. La cocina es otro de los lugares que debe estar perfectamente limpio y ordenado. No debes tolerar ningún bicho o plaga en tu casa; es muy conveniente invertir en personal de control de plagas si acaso se vuelve necesario.

Tu ropa debe estar inmaculada, cepillada, las camisas bien planchadas, tu guardarropa en orden y limpio. Tus zapatos deben ser lo suficientemente nuevos, siempre limpios y lustrados. Procura cambiarlos cuando sea necesario. Tus calcetines deben ser lo suficientemente largos (para que no se vean las piernas) y en las mujeres, es preferible usar medias de color piel y cambiarlas cuando estas se rasguen. La mujer no debe usar pantalones ni ropa ajustada, ni ropa breve ni con escotes, esto es impropio e inmoral. Las faldas deberán ser al menos hasta la rodilla. Los hombres deben cubrirse también suficientemente y su ropa debe ser siempre holgada. Esto es parte de la pulcritud personal, pues denota la persona que eres por dentro.

En cuanto al aseo personal, este es, desde luego, un aspecto muy importante de tu persona. Las uñas deben siempre estar cortas y perfectamente limpias. Debes ducharte a diario y cepillarse los dientes después de cada alimento y cada vez que los sientas sucios, esto es algo muy importantes para conservar un cuerpo limpio y sano. Usar el hilo dental y el enjuague bucal es también algo muy conveniente. Después del baño usa crema para la piel si es necesario, y aromatizada. Para los varones, es siempre bueno usar agua de colonia y antitranspirantes. El uso de colonia y perfumes debe ser moderado y prudente. Usa también cremas antihongos para combatir problemas de mal olor y el clásico pie de atleta. Un cambio de calcetines o medias a diario también es muy importante después de un día de actividad. Si se practica algún deporte, por ejemplo, el fútbol, es muy importante lavar bien la ropa después de un partido o práctica.

EL CABELLO

El cuidado del cabello también es importante, recomiendo el uso de champús que ayuden a combatir problemas de caspa o algún otro problema, un buen peinado también dará una buena imagen. Si acaso se presentara un problema de pediculosis se deberá tratar inmediatamente hasta erradicarlo.

Que el cabello en la nuca no roce el cuello de la camisa, porque luce desprolijo o descuidado. Siempre el cabello debe estar en perfecto orden, no tengas un mechón de cabello sobre la cara que necesite ser apartado para ver a las personas. Hay quienes les gusta agregar gel al cabello, y es correcto, siempre y cuando no sea demasiado. Las mujeres que necesiten pintarse el cabello (o que así lo deseen), no pueden permitir que se vean las raíces canosas o de otro color. Los hombres mayores de cuarenta deben mantener los vellos de la nariz y orejas siempre bien cortados. Los esposos deben preocuparse porque su cónyuge, en la medida de lo posible, no le vea con el cabello en desorden, ni maltrecho, pues eso podría ser una falta de respeto para él o ella.

Los hombres deben rasurarse cada día y si usan barba, esta debe recortarse bien y regularmente. Si usa tintes, el tinte debe ser tanto en el cabello como en la barba y debe ser del mismo color. Las mujeres cuando cocinen (aunque también los hombres cocinan), deben recoger su cabello y cubrirlo (sobre todo cuando tienen el cabello largo), para evitar que caiga cabello en la comida. Es muy desagradable encontrar un cabello en la comida. Cuando una chica o mujer tiene cabello largo, siempre debe mantenerlo recogido y sobre la espalda cuando se sienta a la mesa para comer. Siempre se prefiere que los hombres usen el cabello corto.

Los adornos que las mujeres usan en el cabello deben usarse sabiamente. No ser exagerados ni muy llamativos.

EL VESTIR

La ropa es parte importante de nuestra persona, y conforma nuestra personalidad. Las modas varían y cambian constantemente, quizás haya algunas modas que actualmente nos parezcan ridículas, otras, de mal gusto, lo cierto es que cada quien desarrolla preferencias en el vestir, a lo cual solo se propondrán algunas guías y sugerencias:

1. Que la ropa esté limpia y no tenga desperfectos, como falta de botones o roturas; que siempre esté bien planchada y tenga aroma fresco.

2. Que sirva para el propósito de la temporada y el tiempo, si el clima está frío, se debe vestir ropa que proteja del frío, si hace calor o se asiste a un evento formal (como una boda o funeral) se debe llevar ropa adecuada, nuestro armario debe contener la ropa necesaria, y si no la usamos, la podemos donar a alguien que la necesite o a alguna organización caritativa. La ropa debe vestirse según la ocasión, pero trata siempre de combinar los colores. Procura usar pijama y ropa especial para dormir; jamás duermas con la ropa que usas durante el día. Es preferible tener un guardarropa reducido, con ropa de buena calidad a uno extenso con ropa corriente. La ropa que se usa durante del día siempre debe ser más clara, y reservar la oscura para la noche. El negro que se viste durante la noche siempre luce muy elegante.

3. Que sea decente (como he mencionado arriba), con esto me refiero a que no sea sugestiva ni provocativa. El cuerpo de la mujer es por naturaleza atractivo para el hombre, por tanto, la ropa demasiado ajustada o breve en ella provocará las miradas de los hombres; y si eres una joven que busca un buen esposo, provocar las miradas de los hombres no te ayudará a conseguirlo. Las faldas muy cortas o los escotes atraerán las miradas de los hombres, pero también las críticas de otras mujeres; no es necesario ni propio de la buena educación ni de una joven cristiana que muestres tu desnudez, pues esto es un tesoro que debes reservar para su marido: no lo regales gratuitamente a todos. Esta es una clara señal de

falta de educación y de espiritualidad. En la medida de lo posible, una mujer debe ocultar su cuerpo y mostrar decencia, pues si no lo hace esto propiciará que la sociedad la menosprecie, pues está diciendo con ello que es una persona inmoral. En conclusión, la mujer no tiene que mostrar su cuerpo para denotar su hermosura, la cual empieza, principalmente con una buena sonrisa, un trato amable, buenos modales y un amor genuino por el prójimo.

4. La ropa que vistes debe ser cómoda, pero adecuada, respetando gustos, pero también respetando el lugar donde estás; por ejemplo, hay quienes gustan vestir sandalias, con pantalones cortos y camiseta sin mangas, este atuendo no es adecuado para usarlo en una iglesia o en un lugar formal, hay que ser prudentes.

Muchos otros lineamientos de etiqueta y buenos modales iré mencionando a lo largo de este libro, pues casi todos ellos están relacionados con nuestro trato con los demás, y se relacionan con los temas que iré tratando en los siguientes capítulos.

CAPÍTULO II
LOS DEBERES EN FAMILIA

Nuestro hogar, el lugar donde habitamos y moramos, es y debe ser, un lugar principalmente de paz y descanso, de aceptación, y refugio. Aunque el lugar en donde habitamos es tan solo la conjunción adecuada de materiales de construcción y de instalaciones pertinentes, debe de tratarse con el debido decoro, pues es el lugar en donde habitamos, y este habla de nosotros mismos.

Aunque ya he comentado un poco sobre esto en el capítulo anterior, ahondaré un poco más sobre este importante tema antes de pasar a otros que tienen que ver con la etiqueta y los buenos modales en la familia.

LA CASA

El lugar donde habitamos dice mucho de nuestros buenos modales y finura. Este siempre debe estar en buenas condiciones, suficientemente en forma, y aunque no lujoso, siempre ordenado y limpio. No permitas que existan cosas en desorden, ni aglomeramiento de objetos. Cada cosa tiene su debido lugar, y las cosas que no estimes necesitar deben ser regaladas o puestas en el cesto de la basura. Jamás vendas ropa o zapatos que has usado; y al regalar tales cosas, asegúrate de que estén todavía en muy buen estado. Regalar ropa que tú has usado a alguien que tú conoces —por pobre que parezca— debe hacerse con mucho tacto, y mucho mejor será donarla a alguna organización y regalar a tu conocido ropa nueva. Jamás regales ropa usada a un siervo de Dios o a su familia.

Debe haber un cesto pequeño de basura para los desechos pequeños y otro más grande para los de mayor tamaño, pero en las habitaciones no puede jamás recolectarse basura orgánica. La basura orgánica solo puede existir en la cocina (de no existir un triturador) y debe llevarse al bote de basura municipal diariamente. En las habitaciones debe existir un cesto para la ropa sucia, el cual debe llevarse a la lavandería al menos una vez por semana (si es posible con más frecuencia).

La configuración de los muebles y objetos que están dentro de las habitaciones y espacios deben ser los suficientes. No de más no de menos. Lo peor sería que exista una acumulación de muebles innecesarios. Los muebles y objetos deben de dar la sensación de harmonía, de comodidad. Nuestros espacios deben dar la sensación de ser acogedores, es decir, agradables en su ambientación, comodidad y tranquilidad. Los colores bien combinados, los estilos de uno solo y no mezclados. El aroma de la casa debe ser un aroma agradable, quizá con flores o aromatizantes artificiales no muy extravagantes, sino suaves. Los adornos deben ser los suficientes, pero tampoco excesivos. Las fotografías familiares deben estar colocadas en lugares propicios.

A la vivienda, si es propia, debe dársele mantenimiento regular. Las instalaciones deben de trabajar como deben, el sistema eléctrico, el agua y drenaje, el aire acondicionado, el gas. Las puertas y ventanas deben funcionar bien, estar bien engrasadas y limpias. Se deben pintar las paredes cada vez que sea necesario y los pisos siempre deben lucir bien limpios. Los espacios son para usarse, y no se debe impedir a los niños o a quienes habiten la casa a gozar de todo. Conocí a una persona que tenía en un cuarto un juego de sala nuevo, y tenía prohibido a los niños entrar y sentarse. Lo que me decía es que no quería que le desgastaran la sala ni que la desordenaran. La sala se veía muy elegante y muy bonita, pero nadie la usaba. Me confesó que nadie se había sentado ahí desde hacía años. Y entonces yo dije para mí: *¿Para qué tener un lugar así?* No cometas el error de este amigo mío, pues todo lo que tienes úsalo, y si no lo usas deséchalo, o deja que alguien más lo aproveche.

En cuanto a los baños, en la medida de lo posible, cada habitación debe tener el suyo; o bien, un baño compartido por dos habitaciones, siempre y cuando estas habitaciones sean de dos hombres o dos mujeres. Los baños siempre deben mantenerse bien aseados, y los dueños asegurarse de que siempre haya papel sanitario, jabón, champú, y demás utensilios para el aseo personal.

LA FAMILIA INMEDIATA

Llamaremos familia inmediata a los padres e hijos, quienes normalmente —sobre todo cuando los niños están pequeños— habitan bajo el mismo techo. Desde el principio Dios instituyó el matrimonio, y el matrimonio está formado por un hombre y una mujer, cualquier distorsión a esto es algo perverso y jamás tendrá la bendición de Dios. El hombre y la mujer unen sus vidas en matrimonio con votos de castidad, de respeto, de tener todas las cosas en común, de amarse hasta la muerte. El hombre tiene la responsabilidad primaria de trabajar y proveer lo necesario para los gastos de la familia; y la mujer está puesta por Dios para ser ayuda idónea, es decir, para hacer un equipo con el varón en todo lo concerniente al hogar. Ella, siendo una creatura diferente al hombre, ha sido puesta por Dios para dar ternura y aportar sus habilidades al hogar.

Con la bendición de Dios llegan los hijos, producto del amor, y así se forma una familia tradicional. Cuando la familia está fundada en el amor, los hijos son una bendición. No obstante, cuando los hijos nacen como producto del egoísmo, o de la mera obtención de placer, las cosas son radicalmente distintas. Es lamentable, pero hay en este mundo muchas criaturitas que representa una carga; bebes a quienes ni se les da —ni se les quiere dar— el amor que ellos necesitan para su sano crecimiento y felicidad. Las buenas noticias son que Dios es tan maravilloso que cambia, sana y restaura vidas, Él es poderoso para dar un giro sobrenatural a la vida de cualquier persona que se encuentra aún en las peores circunstancias. Nadie escogió la familia en donde ha nacido, y no es posible ni quitar ni poner padres o hijos, la única elección personal es la de nuestro cónyuge, por ello es que se debe proceder con suma cautela, con seriedad. Ningún matrimonio debería crearse con temeridad ni por conveniencia u obsesión pasional; más bien, con amor, y con el consejo de personas con experiencia y gran capacidad moral.

EL MATRIMONIO

La familia es la institución creada por Dios para el resguardo de la sociedad, y es la estructura más poderosa de Iglesia. Si en la iglesia hay familias fuertes en el Señor, la Iglesia será fuerte también. Por tanto, la familia es el núcleo de la sociedad y la estructura más poderosa dentro de la Iglesia. En la familia cada uno debe sentirse protegido y amado. En primer lugar, los padres deben respetar el pacto que han hecho de lealtad y amor encima de toda circunstancia. La Biblia prescribe que el amor debe ser mutuo, pero el hombre debe ser líder en ese aspecto; por su parte la mujer debe ser líder en brindar respeto a su marido (aunque, desde luego, el respecto es mutuo también). La Biblia dice: «Cada uno de ustedes ame también a su mujer como a sí mismo y que la esposa respete a su esposo» (Efesios 5:33).

Si el matrimonio es fuerte, la familia será fuerte. Dios ha puesto al hombre como el líder de la familia (Efesios 5:23) y este debe tener las cualidades de un líder conforme a la Palabra de Dios. Esto significa que el hombre tiene la responsabilidad de proteger, sustentar y guiar a la familia por un rumbo sabio y correcto en Dios. Por su parte la esposa sabia edifica su casa (Proverbios 14:1). Esto significa que Dios ha puesto a la mujer para ser facilitadora de la comunicación, del amor, y de la sabiduría de Dios, para mantener la unidad familiar. Ella puede ayudar en proveer en el hogar y —como la mujer virtuosa de Proverbios 31— hacer buenos negocios en pro de la familia, etc.; sin embargo, su función principal es ser un apoyo para que el líder del hogar sea fuerte. Ella sabe que, si el líder de la casa es fuerte, la familia será fuerte; pero si el líder es débil, la familia también será débil. Por su parte, el marido debe tener en muy alta estima a su mujer y brindarle cariño tanto delante de los hijos como en su ausencia, en público y en lo privado.

Es una regla de etiqueta y buenos modales que tanto el marido como la mujer hablen bien uno del otro. La esposa debe siempre hablar bien de su marido en su ausencia y delante de los niños y el marido de igual manera. También se deben reservar algunas buenas palabras —sin caer en exageraciones— delante de otros cuando él o ella esté presente.

Un hombre educado jamás discute los asuntos familiares. No lo hace en público, ni con los conocidos; y habla de su esposa tan solo si se presenta la oportunidad, y solo para hablar positivamente. Lo mismo se aplica para una mujer educada. Los secretos entre esposos y en la familia jamás se deben revelar, pues todo lo que se dice en el seno familiar se considera con gran discreción. Un hombre jamás debe hablar de los detalles de la belleza de su mujer (esto es tanto como publicar sus defectos), y hacer cualquiera de estas cosas es inaceptable.

Los esposos deben mantener una buena comunicación, y contarse sus problemas y preocupaciones, orar juntos y comprenderse mutuamente. Estas cosas son pilares importantes de la relación matrimonial. Por otro lado, los esposos cristianos siempre deben perdonar las ofensas recibidas, sin importar la gravedad de ellas, pues así manda el Señor. Recuerda que debes perdonar a tu hermano [diariamente] hasta «setenta veces siete» (Mateo 18:22).

La esposa debe ser tratada por el varón como vaso más frágil, es decir, con finura. No permitir que ella cargue cosas pesadas ni haga trabajos que le corresponden al varón. Incluso, una forma de respeto es la posición física que la esposa ocupa respecto al marido. La esposa nunca debe ocupar el lugar a la mano izquierda del marido, ya sea en si se sientan ambos en un vehículo o a la mesa. Si ambos van caminando, la mujer debe ocupar el lugar de adentro, no el de la calle, ese lugar le corresponde al varón.

Más adelante hablaré más de la etiqueta y de los buenos modales cuando la familia se sienta a la mesa, básteme por ahora decir que cuando los esposos o la familia (esposos e hijos) se sientan a la mesa jamás deben leer ni estar haciendo alguna actividad que distraiga su atención. En su lugar, se debe aprovechar adecuadamente el tiempo para conversar y disfrutar de la compañía familiar, pues esto es uno de los disfrutes más importantes de esta vida.

LOS HIJOS

Los hijos en el seno de una familia cristiana reciben protección y son amados por sus padres; ellos reciben educación espiritual, moral y de buenos modales y etiqueta en casa. En tiempos en donde la inmoralidad en la sociedad ha ido en aumento, y en donde se enseñan antivalores a los niños en las escuelas, es sumamente importante que los padres hagan énfasis en la educación de sus hijos.

Los niños son sustentados y protegidos de agentes destructivos dentro del seno familiar. Los padres tienen la responsabilidad de protegerles y proveer para su futuro. Los padres cristianos deben dedicar tiempo a sus hijos para enseñarles los principios bíblicos, la vida moral y las reglas de la buena conducta.

Es de buen gusto y de buenos modales que los esposos siempre logren ponerse de acuerdo, y jamás discutir delante de los hijos. Si es necesario discutir algún asunto por tener opiniones encontradas deben hablar de ello en privado, y cuando lleguen a un acuerdo, tomados de la mano, anunciar su acuerdo a los hijos, para que ellos lo obedezcan. La mujer cristiana debe siempre recordar que cuando se tienen que tomar decisiones difíciles, ella puede apoyarse en su esposo y darle a él esa responsabilidad como líder del hogar, porque él es el principal responsable; no obstante, ambos deben orar juntos para tomar la decisión correcta; y la mujer debe ser una ayuda sabia en esto, es decir, brindar todas las ideas y la información que pueda, a fin de que se tome una decisión que beneficie a la familia.

Por su parte, los hijos deben lealtad a su familia. En primer lugar, ellos reconocen que sus padres les dieron la vida, los cuidaron y amaron de pequeños. Ellos están haciendo (o hicieron ya) su mejor esfuerzo por forjarlos de manera que pudiesen tener una buena vida. Los niños tienen la consigna de obedecer a sus padres y honrarlos; es decir, deben dar a ellos la satisfacción de tomar buenas decisiones en la vida, pues esto es una honra para ellos. En esto de las buenas decisiones el consejo de los padres debe ser el de mayor peso en las vidas de los hijos, a fin de tomen decisiones sabias. La educación de los padres gira en torno a esto: preparar a los hijos para que ellos tomen sus propias decisiones, y que estas decisiones sean las mejores, es decir, en el Señor (pues no hay garantía de que los padres estén aun en este mundo para poder consultarles).

A los niños se les debe enseñar a trabajar. Enséñales a hacer las tareas de limpieza en la casa, a mantener todas las cosas en su debido orden; y no se les debe dar dinero cuando lo hacen. Ellos deben aprender a obedecer y a trabajar para su casa gratuitamente, se les debe explicar que trabajar para la familia es trabajar para ellos mismos, y un día ellos tendrán sus hijos y deberán enseñarles lo mismo. Enséñalos a ser voluntarios, a servir, no por dinero, sino por amor, no buscando lo material, sino simplemente hacerlo por amor. Esto es infinitamente mejor que el dinero.

Más adelante, cuando los niños empiecen a trabajar por un salario, es bueno enseñarles que aporten a la casa (aunque eso no debe ser exigido). Todo lo que ellos hagan debe ser por amor, buscando honrar a sus padres. Hay niños que son muy nobles, y los padres no deberían abusar de su nobleza a la hora de que aporten dinero a la casa, pues esa no es su responsabilidad primaria.

La educación de los niños comienza desde que ellos están muy pequeños. Jamás pienses que el niño es demasiado pequeño para aprender algún concepto importante para la vida. Ellos entenderán todo lo que les enseñes si se lo explicas con palabras que ellos pueden entender. Asimismo, evita el lenguaje metafórico y el simbolismo, recuerda que los niños no pueden razonar en forma metafórica o figurada hasta que tienen al menos ocho años. Asegúrate de separar la realidad de la fantasía; por ejemplo, los superhéroes pueden servir como una herramienta educativa, pero no puedes decir que Hulk es Sansón, Hulk es un personaje ficticio, y Sansón es un personaje histórico. Asegúrate de que los niños entienden lo que les enseñas haciéndoles preguntas.

Es muy importante que los niños aprendan sobre sexualidad, sobre las drogas, los juegos de video, homosexualidad, discriminación, *bulling*, etc., es decir, todas aquellas cosas que resultan peligrosas para su sano crecimiento. La educación moral es algo muy importante, los buenos modales y la etiqueta.

La hora de la comida y de la cena es un tiempo muy importante para compartir con la familia. Se debe siempre preguntar a los niños sobre su día, sobre sus preocupaciones, sobre sus frustraciones, etc. También debe haber un tiempo de alegría, de buen humor, de comentarios positivos. No olvida nunca sonreír. El tiempo de la comida o la cena no es el tiempo para regaños o llamadas de atención, sino para el consejo amable. Se debe enseñar a los hijos que sus padres tienen más sabiduría que ellos y la autoridad para educarles.

Cuando los hijos son pequeños se les debe instruir, y corregir, y aunque no promovemos el castigo corporal, cada padre debe de encontrar el mejor método de corregir y disciplinar a sus hijos de acuerdo a la Palabra de Dios. Si acaso existe ocasionalmente algún castigo físico, este nunca debe practicarse cuando el padre o la madre está enojado o emocionalmente afectado.

La disciplina debe ser con calma y amor, explicando claramente el motivo y las expectativas de la corrección, abriendo la Biblia y orando. La corrección es algo mucho más que un simple castigo físico, y se debe hacer responsable al niño de sus actos.

Cuando se llega el tiempo en que los hijos dejan el hogar, se les debe dejar ir con la bendición de Dios y no aferrarse a tenerlos en casa. Para los padres es muy difícil esto y quisiéramos que todos viviéramos juntos para siempre; pero esto no es así. Jesús dijo que el hombre dejará a su padre y a su madre. Así que debemos obedecer.

Cuando las personas los padres envejezcan —todos envejecemos— se debe buscar la mejor opción para ellos. Con la edad una persona puede perder sus habilidades, y lo que antes era muy fácil (conducir el coche, ir a la tienda, etc.,) se pueden volver tareas casi imposibles de hacer, y se necesita ayuda. Los hijos deben ayudar a sus padres, pues esto es lo que enseñan las Escrituras: «Honra a tu padre y a tu madre, para que tus días alarguen en la tierra que Jehová tu Dios te da» (Éxodo 20:12). Es importante mencionar que este es el mandamiento —de entre los diez mandamientos— que más se menciona específicamente, y Jesús lo mencionó varias veces en los evangelios. Este mandamiento se menciona ocho veces en las Escrituras, y Dios lo recalca muy poderosamente. Parte de esta honra es el cuidado que los padres merecen cuando envejecen, pues dice la Biblia también: «Pero si alguna viuda tiene hijos, o nietos, aprendan estos primero a ser piadosos para con su propia familia, y a recompensar a sus padres; porque esto es lo bueno y agradable delante de Dios» (1 Timoteo 5:4).

EL RESPETO MUTUO

Una de las cosas más importantes que los miembros de una familia deben aprender y poner en práctica es el respeto mutuo. Decir *gracias, por favor, con permiso, salud* (cuando alguien estornude), *es un placer,* estas palabras son parte del respeto. Pero también jamás gritar, esperar el turno para hablar, jamás hablar con enojo o con mal humor, siempre sonreír, y muchas otras cosas más. La regla de oro dice: «Así que, todas las cosas que queráis que los hombres hagan con vosotros, así también haced vosotros con ellos; porque esto es la ley y los profetas» (Mateo 7:12).

El respeto incluye saludar al llegar y al retirarse; ser cariñoso o cariñosa, hablar con amor y resaltar las cualidades de los demás. También saber escuchar, mirar a los ojos cuando uno conversa con el otro. Al saludar se debe uno inclinar levemente, para mostrar apertura y un espíritu de servicio. Los hijos no deben dirigirse a los padres por el nombre de pila, sino como «papá» o «mamá»; se debe evitar estrictamente hacer chistes de los demás; los brazos y las manos deben estar siempre visibles (no en los bolsillos, no por detrás). Cuando llega una persona mayor, los niños deben ponerse de pie y saludarle. Los esposos deben hacerlo con su conyugue. Todas estas cosas también son muestras de respeto.

En cuanto a los sentimientos, jamás se deben poner en duda o invalidar los sentimientos de otro, por ejemplo. Si alguno está triste, debemos afirmar primero sus sentimientos antes de decir: «Ánimo, ¿por qué te sientes así?». Las intenciones del que trata de animar pueden ser buenas, pero lo mejor es primero hacer ver a la persona que la comprendemos, que queremos estar con ella en todo momento; y luego, podemos intentar cambiar la situación, con oración, con preguntas retóricas (resaltando sus cualidades y su potencial). Estos casos son frecuentes en los niños.

Los sombreros, gorras, viseras y boinas deben quitarse cuando entramos a la iglesia o algún espacio cerrado. También es una señal de respeto y cortesía llevar regalo a las fiestas a las que somos invitados. Luego de la asistencia a una boda, y de que novios han recibido su regalo, es una señal de respeto y buena educación escribir y enviar una tarjeta de agradecimiento. Los niños siempre deben dirigirse a los adultos por Sr. Sra., jamás por su nombre de pila; y jamás entrar a un cuarto en donde está la puerta cerrada sin tocar la puerta. Si al entrar ven que una persona está sola deben salir de inmediato de ese lugar, a menos de que se trate de alguien de su familia nuclear (excepto tratándose del director o directora de la escuela o de una trabajadora social).

A los niños se les debe enseñar que no deben tocar físicamente a nadie ni dejarse tocar por ninguno. También deben saber que no deben quedarse solos con ninguna persona que no sea de su familia nuclear (mayormente en espacios cerrados). Ellos deben saber que en el caso de un amigo (a) que podría ser candidato para novio (a) o futuro esposo (a) [cuando ha llegado el tiempo, obviamente, esto es, a los dieciocho años o más] debe haber respeto entre ellos, y este respeto incluye ningún contacto físico (fuera de las manos y quizá algún abrazo leve ocasional), ni besos. Está comprobado que el beso en la boca abre la puerta a un contacto físico más intenso y tal contacto está fuera de lugar; se debe enseñar a los niños que abstenerse del beso (y reservarlo para el matrimonio) es parte del respeto que se deben mostrar los futuros esposos. Esta enseñanza, aunque es para un futuro aparentemente lejano, se debe enseñar a los niños desde pequeños.

MANEJANDO LOS CONFLICTOS

Se entiende que hay ocasiones en que puede haber tensiones y pleitos en la familia cuando ha llegado el tiempo de cuidar a los padres. Por ello, tanto los unos como los otros deberían hacer las provisiones necesarias para cuando llegue ese momento. Todo esto se debe platicar en paz, con harmonía, buscando la mejor solución.

Cuando haya conflictos, estos deben de solucionarse con comprensión y compasión, sin gritos ni demostraciones de poder, sin imponer a nadie una situación de desesperanza (lo que hiciste ya no tiene remedio). Tampoco se debe humillar a nadie. Las mujeres, particularmente —aunque desde luego, no todas— tienden a continuar recordando eventos del pasado. Errores que muchas veces el esposo piensa ya quedaron perdonados. Cuando esto sucede, normalmente los problemas se avivan y el problema se hace mayor; al escalar el nivel de un conflicto, y si no hay voluntad de ambas partes, se puede llegar a situaciones sumamente trágicas y cada vez más complicadas y difíciles de resolver. Si los ánimos están demasiado caldeados, entonces es preferible tomar un tiempo para meditar, orar y calmarse, entonces, serenamente y con actitud humilde, valorar la relación y arreglar el problema. Si el problema es demasiado complejo o complicado es bueno buscar ayuda profesional; pero nunca se debe dejar un enojo sin resolver. La Biblia dice que cualquier enojo se debe resolver el mismo día: «Airados, pero no pequéis; no se ponga el sol sobre vuestro enojo, ni deis lugar al diablo» (Efesios 4:26-27). Así es que nadie en la familia debe ir a la cama enojado o guardando rencor.

La impresión que nos deja la niñez es imborrable, los recuerdos de esa etapa estarán presentes toda nuestra vida; por tanto, debemos procurar tener recuerdos hermosos, disfrutar los momentos en familia al máximo. Lo material y los lujos son cosas superfluas y salen sobrando. Las risas, las aventuras, incluso los problemas que son resueltos en familia serán hermosos y gratos recuerdos si es que a todo le ponemos amor, comprensión y humildad. Debemos ser sabios y administrar bien el tiempo, porque es corto.

CAPÍTULO III
LOS DEBERES CON LA FAMILIA EXTENDIDA

Una familia extendida que se trata con cariño y amor es una gran bendición. Los niños deben aprender a amar a sus tíos, primos, abuelos, etc., pues ellos llevan también su sangre y es bueno que todos nos ayudemos, y convivamos en harmonía. Es una buena costumbre reunirse con la familia extendida con relativa frecuencia. Muchas familias acostumbran reunirse en bodas, quinceaños, aniversarios, graduaciones, funerales, etc., y disfrutar de un tiempo de compañerismo.

Cuando los abuelos viven aún, una buena tradición es reunirse en su casa en las navidades, en año nuevo; cenar juntos, jugar con los primos, etc. Esto será algo saludable para los niños y lo recordarán durante toda su vida. Además, les ayudará a honrar a los ancianos y a crear lazos de unión con su familia. Un día necesitarán de su apoyo, y será una bendición haber creado esos lazos afectuosos.

LAS TRADICIONES FAMILIARES

En la antigüedad había familias extendidas que vivían en la misma propiedad. Sin embargo, hay algo que debemos entender, que cuando Dios dice: «Dejará el hombre a su padre y a su madre y se unirá a su mujer» (Mateo 19:5), Él está hablando de que hay un tiempo en que los hijos deben formar sus propios núcleos familiares y es entonces que ellos decidirán con su conyugue los derroteros de su propia familia.

La familia en sí comienza cuando una pareja se casa para formar un nuevo hogar. Se ha dicho «el casado, casa quiere», esto nos dice que, al comenzar un matrimonio, la nueva pareja necesita independencia. En algunas familias, y debido a las circunstancias económicas, muchas familias vivían juntas en la misma casa, el padre construía una casa grande, con muchas habitaciones para que cada hijo o hija viviera ahí con su familia, quizás este sea un sueño que aún existe en muchos, pues existe el anhelo de que los hijos nunca dejen «el nido», en donde puede haber muchos recuerdos entrañables (llega a la memoria aquel himno titulado *Hogar de mis recuerdos*); sin embargo, lo propio es dejar la casa de los padres, formar una nueva, y regresar a visitarlos tan frecuente como sea posible, ya que después vendrían los remordimientos de no haberlo hecho cuando los padres estaban aún con vida.

Cada familia tiene sus propias tradiciones y costumbres. Los padres deben ir modelando tales costumbres y tradiciones y enseñarlas a los niños. Siempre es bueno que se tengan, pues de otra manera existirá un vacío importante en el ser humano. Por ejemplo, la familia puede tener la tradición de preparar cierto platillo durante navidad o en ciertas celebraciones. En los cumpleaños se acostumbra dar regalos, ir a comer, tener un día de familia especial. Las familias mexicanas preparan platillos como «los tamales», pero las de otras nacionalidades, digamos, los salvadoreños o guatemaltecos preparan «popusas»; para Galicia, España, un platillo típico podría ser «el pulpo á feira»; para los asturianos, «la fabada»; para los argentinos, «el asado»; los colombianos preparan «la bandeja paisa», etc. En ciertos días del año una tradición puede ser ir a visitar a los abuelitos y pasar tiempo con toda la familia extendida.

Es muy posible que tengas familiares que no son cristianos, que no comparten tu fe e incluso quizá algunos pertenezcan a otras religiones no cristianas o sectas. Quizás a ellos les gusta tomar bebidas alcohólicas, emborracharse, bailar y fumar; usar malas palabras y lenguaje vulgar y ofensivo, ¿cómo deberías proceder a la hora de tener alguna reunión con tu familia extendida? La realidad es que ellos aún son tus parientes, y es muy bonito convivir sin recriminar su conducta, recordar los tiempos felices de la niñez y juventud; ustedes comparten los mismos ancestros y tienen la misma sangre. Será útil que los cristianos sean directos, pero a la vez amables, pidiéndoles con cortesía que se abstengan de maldecir cuando están reunidos, de emborracharse, de bailes y música no cristiana, explicándoles que el propósito de la reunión es buscar intereses comunes, participar de una rica vianda, recordar bellos tiempos, reír de fotografías, contar anécdotas, convivir con dinámicas familiares que incluyan a todos, desde los más pequeños hasta los mayores (p. ej. juegos de mesa que divertidos), y en general, tener un tiempo de esparcimiento en familia. La idea es que todos tengan el mismo ánimo y disposición de pasar un buen tiempo en familia.

PROCURA LA BUENA CONVERSACIÓN

Mientras que para los niños lo más bello de una reunión de la familia extendida será jugar con los primos, lo mejor de todo para los adultos es la conversación; por tanto, el tiempo de la conversación es una buena oportunidad para mostrar tus buenos modales y educación.

Carlos II (1661-1700) acostumbraba a decir que «el máximo arte de un buen conversador es conseguir que las personas se sientan a gusto». Mira a los ojos y atentamente a su interlocutor, sonríe cuando sea propio, muestra desaprobación o tristeza cuando sea oportuno, maneja bien tu lenguaje corporal; hazlo así para agradar a la otra persona. Haz preguntas para generar interés. La persona educada escucha, y sabe escuchar; no obstante, por el otro lado, una señal de buena educación y buenos modales es no acaparar la conversación y convertirla en un monólogo. A la mayoría de las personas les agrada participar activamente en la conversación, por tanto, si la otra persona está muy seria, sé intencional y hazle preguntas que puedan despertar su interés; y si ves que el tema no es de su interés, cambia a otro que pienses que pueda serlo.

En una conversación siempre debes estar consciente de tu lenguaje corporal. Asegúrate de tener siempre tus hombros hacia atrás y mantener la barbilla paralela al suelo en todo momento, Si tu barbilla baja demasiado, esto dará la impresión de que tienes poca confianza en ti mismo; pero si la subes demasiado alto, entonces parecerá que eres una persona arrogante, distante y poco accesible. Recuerda que tus codos no deben tocar la mesa; mantén tu espalda recta y tu cuerpo alejado suficientemente de la mesa. Asimismo, tonifica tu voz, no la alces demasiado, pero no que no sea un susurro. Flexiónala, sé expresivo, dramatiza (sin que parezca que quieres acaparar la atención), sé interesante a tu interlocutor.

LA CONVERSACIÓN EN GRUPO

Si están varios en una mesa, trata de incluirlos a todos en la conversación. Es de pésima educación que se hable un idioma que alguno de los que están a la mesa no domina, y tal cosa incluso podría ser tomada como discriminación. Si por casualidad lo haces, debes disculparte de inmediato. Si acaso está en el grupo una persona que no conoce ninguno de los idiomas de los demás, debe haber alguien que le ponga al tanto de lo que se está hablando y le dé al menos un resumen de la conversación. También se le debe dar a esa persona la oportunidad de opinar mediante un traductor. En el caso de que una persona nueva entre al grupo luego de estar conversando sobre un tema, tú mismo toma la iniciativa y ponla al tanto del tema que se está hablado, ese será un gesto que siempre será recordado.

Evita decir palabras que solo tú o alguno del grupo domina. Si hay tres personas, por ejemplo, en donde dos de ellas son médicos, ellos deben evitar los términos que el que no es médico desconoce, a menos que aquellos se den a la tarea de explicarlos brevemente.

Recuerda que las personas de buenos modales y educadas jamás hablan de los problemas familiares, es decir, de la familia nuclear. La familia extendida, aunque es familia, no es la familia nuclear, y por más confianza que se les tenga, recuerda no hablar negativamente de nadie, mucho menos de alguien cercano a ti, como es el caso de tu familia inmediata o nuclear, por el contrario, resalta las virtudes de ellos, sin hablar demasiado, ni exagerar.

EL TESTIMONIO CRISTIANO

Y sobre todas las cosas, recuerda que tu identidad como cristiano es innegociable, y tus convicciones deben mantenerse firmes de principio a fin. Tu comportamiento debe ser un comportamiento cristiano, dando ejemplo de amor, servicio, gratitud, amabilidad, respeto, cordialidad, buen ánimo. Tus familiares —los que no conocen todavía a Cristo—, deben ver que te interesas en su persona, que te interesas en sus problemas, que te interesas en servirles. En tus conversaciones debes hablar con libertad de lo que Cristo ha hecho por ti, de tu testimonio y de tu fe en Cristo. Ora por ellos, para que se abran y se interesen por las cosas eternas, y sé intencional. Invítales a reuniones cristianas especiales. No los presiones ni hagas que se sienten obligados a nada, deja que el Espíritu Santo trate con ellos, y eventualmente, Dios les tocará. Muchos casos de conversiones han sido de eso modo. Recuerda que en dondequiera que es estés tú eres luz del mundo y sal de la tierra (Mateo 5:13-14).

Sé cauto, y jamás entres en discusiones con ellos. Si encuentras que la persona es contraria a lo que le dices, y no está escuchando tu mensaje; si notas en sus palabras un tono agresivo o contrario, jamás le digas: «Estás equivocado», «mira, te voy a sacar de tu engaño» «yo te enseñaré lo que tú debes saber», etc., más bien, gira la conversación a temas más afines y amables, pues eso significa que ese no es el tiempo para que esa persona escuche el mensaje, y tú estarás demostrando tu buena educación, y mantendrás la puerta abierta. En tal caso, continúa orando y haciéndoles bien, pues llegará un día que estas personas abran su corazón y logres ganarlas para el reino de Dios.

CAPÍTULO IV
LOS DEBERES CON LA IGLESIA

El término *Iglesia* se refiere al grupo de creyentes que han dado su corazón a Cristo y viven en Él. Existe una *Iglesia universal* (el grupo de creyentes que, en el mundo entero, sirven al Señor), y una *iglesia local*, la iglesia que se constituye por un grupo de creyentes que se reúnen en un solo lugar para adorar a Dios.

Normalmente, esta iglesia local tiene un edificio, un lugar para las reuniones regulares. En este se reúnen los creyentes que profesan una fe común, y para nosotros, se trata de la fe cristiana. Así, los edificios que son usados para las reuniones regulares son llamados templos, y estos edificios entrañables son como una segunda casa para los cristianos. Allí recibimos el alimento espiritual, la enseñanza bíblica para llevar una vida acuerdo a la voluntad de Dios. Es allí también en donde hacemos amistades (algunas de las cuales podrían perdurar por toda la vida); gozamos de la bendición del perdón de nuestros pecados, y recibimos consuelo en nuestras tribulaciones. También es en el templo donde celebramos nuestros logros, los cumpleaños, nuestras bodas, etc.

En el transcurso de nuestra vida veremos cambios, y muchos de nosotros nos mudaremos de casa y de ciudad, pero en todo lugar en donde estemos, debemos de pertenecer a una congregación, ser parte de ella, crecer con ella, y ver a todos como una familia. Una familia experimenta sufrimientos y vive alegrías, pero siempre se mantiene en unidad. Es el cuerpo de Cristo, y aunque universalmente, los lavados con la sangre de Jesús somos todos hermanos en la fe, la congregación en la que nos reunimos, en particular, es como nuestra familia inmediata, y a ella debemos lealtad y amor.

LA ASISTENCIA A LA IGLESIA

Asistir constantemente a la iglesia es algo imperativo, pues, si se descuida, nuestras vidas irán entrando paulatinamente en un enfriamiento espiritual. A la iglesia se debe llegar temprano (al menos 15 minutos antes del inicio del servicio) y esperar a que termine. Asimismo, si se da la ocasión de convivir y fraternizar después del servicio, se debe hacer, pues así tendremos un vínculo más fuerte entre los hermanos. En algunas iglesias las personas se quedan a tomar café y a platicar después del servicio, esto de gran beneficio para mantener la unidad de los creyentes.

La Biblia dice: «¡Mirad cuán bueno y cuán delicioso es Habitar los hermanos juntos en armonía! Es como el buen óleo sobre la cabeza, El cual desciende sobre la barba, La barba de Aarón, Y baja hasta el borde de sus vestiduras; Como el rocío de Hermón, Que desciende sobre los montes de Sion; Porque allí envía Jehová bendición Y vida eterna» (Salmo 133). Este pasaje habla de que una de las más grandes bendiciones que tenemos en la vida es reunirnos, estar juntos y disfrutar de la compañía de unos con los otros. Esto es lo que se experimenta en la iglesia, ahí es donde Dios envía bendición y vida eterna. Por tanto, es esencial que el cristiano se esfuerce por ir a la iglesia. Ir a la iglesia es también algo muy bueno para las familias. Ahí, ellas escuchan la Palabra de Dios, y son enriquecidas con ella. En la iglesia, los pensamientos de los niños son dirigidos a Dios, y estos adoptan una vida más saludable. Los actos de amor que los niños ven en la Iglesia producen un efecto muy poderoso en ellos. Las estadísticas dicen que aquellos que crecieron yendo a la Iglesia tienen mucho menos propensión a la delincuencia, al divorcio, al abuso de drogas y alcohol, al racismo, a la pobreza, a la injusticia, a la vagancia, a los pleitos, a los abortos, etc. La reducción de estos problemas mejora significativamente la sociedad.

No obstante y todo lo que he dicho en esta sección, mantener los buenos modales y la etiqueta cuando vas a la iglesia es indispensable para tener un buen aprovechamiento, y para dejar que los demás lo tengan también.

CAPÍTULO IV | LOS DEBERES CON LA IGLESIA

REGLAS DE ETIQUETA

En todo lugar se deben observar algunas reglas de comportamiento. Puesto que al ir a la iglesia vamos a escuchar la Palabra de Dios, el respeto y la reverencia son componentes esenciales. Así que, las siguientes son algunas recomendaciones importantes:

LLEGAR TEMPRANO AL SERVICIO (AL MENOS 15 MINUTOS ANTES DEL INICIO).

Llegar temprano a un lugar es una señal de que le das importancia y valor a la cita o evento que tendrá lugar ahí. También es una señal de respeto a los demás y a quien(es) está(n) dirigiendo. Cuando llegas temprano al servicio dices con ello que eres una persona responsable y fiable, digna de ser colocada en una posición de liderazgo.

OCUPAR TU LUGAR Y ESPERAR EN SILENCIO EL INICIO DEL SERVICIO

Hay tiempo para todo, pero definitivamente el tiempo previo al comienzo del servicio no es el más propicio para fraternizar ni para entablar una conversación. Ese tiempo es para estar en meditación, en expectación de lo que Dios hará en el servicio; para estar en oración en silencio.

APAGAR O SILENCIAR EL TELÉFONO CELULAR

En algunas iglesias he visto un letrero discreto con la siguiente frase: «Dios te hablará, pero no por el celular». Esto quiere decir que cuando estés en la iglesia, inmediatamente que entres (en la recepción o *lobby*) debes apagar tu teléfono celular. Es de bastante mal gusto que durante el momento de la predicación o algún momento solemne —por ejemplo, cuando se suministra la santa cena— se escuche el timbre de un teléfono.

ESTAR PREPARADO CON BIBLIA Y CUADERNO DE NOTAS

Es muy importante que al ir a la iglesia pongamos toda nuestra atención en todo lo que ahí se desarrolle. Y cuando se llega la hora del mensaje, es muy recomendable tener a la mano nuestra Biblia, y un cuaderno con una pluma listos, a fin de escribir aquello que juzguemos sea importante y que debamos repasar luego. Para este propósito es mucho más práctico tener tanto la Biblia como una libreta y una pluma físicamente con nosotros, estos elementos físicos son más prácticos que los electrónicos.

NO PLATICAR DURANTE EL SERVICIO

Otro de los aspectos de la reverencia, y que pertenece a los buenos modales es no platicar durante el servicio. El servicio a Dios es un acto solemne, que, aunque pueda ser fogoso y desarrollado con mucho entusiasmo y participación de todos —y esto hasta en alta voz—, no por ello pierde su verdadero sentido de ceremonia; y en una ceremonia es de mala educación hablar con las personas que nos rodean (a menos de que así lo indique el que dirige en algún momento puntual).

PONER EL CIEN POR CIENTO DE NUESTRA ATENCIÓN

Como ya mencioné, es muy importante poner toda nuestra atención en el servicio a Dios en la iglesia. Dios nos ordena a que seamos reverentes en su casa, y esta reverencia consiste en poner toda nuestra atención en lo que está sucediendo en el servicio y no distraer nuestra mente de ello. Aunque estemos callados, la irreverencia podría existir si no participamos activamente en el servicio, ignorando al Señor, quien está allí, en las alabanzas de su pueblo.

NO DISTRAERSE CON NADA

Hay muchas cosas que pueden distraernos. Los niños son niños porque fácilmente se distraen con cualquier cosa; se dice que el período de atención de los niños es cerca de quince minutos, y para los párvulos aún este tiempo es mucho menor. Los adultos debemos disciplinarnos para evitar las distracciones. En nuestros días existen infinidad de cosas que podrían distraernos, pero debemos ser disciplinados y concentrarnos profundamente en una sola cosa a la vez. Lo mismo debemos procurar que suceda con nuestros niños y adolescentes.

NO SALIR AL BAÑO O TOMAR AGUA A MENOS QUE SEA UNA URGENCIA

Los seres humanos tenemos necesidades físicas, y una de estas es ir al baño. Es normal para todos ir al baño, pero necesitamos aprender a controlar nuestras visitas al baño. Algunos de nosotros podríamos pensar que esto no se puede controlar; sin embargo, para las personas sanas, su cuerpo funciona por ciclos más o menos predecibles. Por tanto, es posible controlar el tiempo de ir al baño comiendo y bebiendo en los momentos más adecuados. Debemos evitar tomar agua antes del servicio, e ir al baño también antes de que inicie. Si nos da sed, es preferible tomar agua al menos una hora antes e ir al baño. Algunos recomiendan ocho vasos de agua por día, pero ese dato no tiene base científica, más bien, el consumo de agua difiere en cada persona, depende de su peso, de qué tanto está expuesto al calor, de qué tanto ejercicio corporal hace y de la constitución de su propio organismo. Por tanto, obsérvate a ti mismo, y pon atención en el color de la orina, el cual debe ser amarillo claro.

TENER UNA BUENA DISPOSICIÓN PARA RECIBIR DE DIOS

Ir a la casa de Dios es un acto sumamente importante que se debe de aprovechar al máximo. Dice la Biblia que ahí Dios nos bendecirá y Él no falla a su Palabra. Sin embargo, Él espera que nosotros cooperemos en Él para que esta bendición sea realidad. Él requiere que tengamos una actitud receptiva, que estemos expectantes de recibir de Él, de que Él se moverá ahí —en la reunión—, y que tendremos todos los beneficios de ella.

NO CRITICAR

Cuando estamos en la reunión, el enemigo de nuestras almas intentará que tengamos una actitud negativa. Esta actitud negativa consiste en juzgar y criticar a los participantes y a los que lideran la reunión. El perfeccionismo puede ser un gran enemigo de la bendición de Dios. El arreglo del santuario, el perfecto orden, el atuendo impecable de los ministros y de los asistentes, su forma de hablar, sus gestos, sus expresiones; también la música, el contenido del mensaje, y muchas otras cosas pueden ser detonantes de críticas. Pero una persona sabia se abstiene de criticar a las personas y al lugar, y se concentra en Dios en todo momento; alaba al Señor y da gracias; y es agradecido por todos los que están en el servicio, por el lugar y por ese momento precioso en la presencia de Dios.

LOS NIÑOS PEQUEÑOS EN EL SERVICIO

Los niños son una enorme bendición de Dios y se deben de educar sabiamente. Ellos deben aprender el significado de la reverencia en la casa de Dios, y de todo lo que se ha mencionado aquí respecto a los buenos modales en el servicio. En el caso de niños pequeños, lo ideal será tener un espacio exclusivo para ellos, y maestros o maestras que les enseñen la Palabra de acuerdo a su edad. Los niños aprenden mayormente por el ejemplo que les damos los adultos, y requieren de nosotros paciencia y esfuerzo. Se les debe criar en disciplina, es decir, se les debe entrenar adecuadamente en las cosas del Señor, considerando que los niños necesitan jugar, y el juego es parte importante de su desarrollo. Los juegos de los niños deben ser mayormente consistentes en actividades físicas; pues las actividades físicas desarrollan sus destrezas motoras, previenen la obesidad infantil y desarrollan su inteligencia emocional. También es preferible tener un cuarto exclusivo para los bebés, y que este tenga un sistema de sonido propio para que las(los) cuidadoras(es) de los bebés escuchen el servicio.

LA PARTICIPACIÓN FINANCIERA

Financieramente el cristiano tiene la obligación de contribuir con la obra de Dios en general, y en particular, en su propia congregación. Las ofrendas de amor deben ser dadas con amor, con alegría, con el propósito de dar para Dios y de apoyar su obra. En este sentido se debe tener cautela en cuanto algunos dirigentes que exigen y recogen dinero para ellos mismos, pues esto puede causar una sensación de amargura, por lo que es mejor que, en oración y con anticipación, se aparte del ingreso personal para dar a Dios mediante dinero u ofrenda en especie. En cuanto a esto último, algunos cristianos podrían decidir comprar algo que se necesite en la iglesia, por ejemplo, una escoba, una estufa, un aparato de aire acondicionado, etc., y esto también es parte del apoyo financiero que se puede dar a la obra de Dios. Los manejos del dinero y de los bienes han de ser administrados con claridad, sabiduría y sin fines de lucro.

EL AMOR FRATERNAL

La Biblia ordena que el amor debe ser *sin fingimiento*. Si bien es cierto que en la iglesia podemos tener amistades, y que exista la tendencia a formar círculos de amistades, no por ello se debe de excluir a los demás ni mucho menos discriminar a otros. Es natural que las madres jóvenes se junten con las madres jóvenes, que los que estudian en la universidad se junten con los que también estudian en la universidad, que los varones casados hagan amistades con los varones casados, etc., sin embargo, siempre debemos pensar en aquellos que están solos o que no tienen una familia o si esta familia está lejos. Existen en las iglesias personas que no son muy carismáticas o que son muy incompatibles con nuestra personalidad, educación, cultura, trasfondo social, etc., sin embargo, debemos recordar que lo que nos une como iglesia no son esas cosas, sino Cristo Jesús. Él es el motivo de nuestra unión. Los primeros cristianos comían juntos con alegría y sencillez de corazón (Hechos 2:46); y seguramente entre ellos había grandes diferencias socioeconómicas; sin embargo, comían juntos con alegría y sencillez de corazón porque el Espíritu de Dios los unía.

APOYO A OTROS

Es posible que entre los miembros (y no miembros) haya algunos que estén pasando por problemas y situaciones difíciles. Quizá alguno ha perdido su empleo y tiene dificultades económicas; otro puede estar atravesando por una enfermedad y no puede trabajar; otro pudo haber perdido un ser querido, etc., en tales casos la congregación tiene una oportunidad de ser una bendición para ellos. Quizá los miembros de la congregación no sean personas de dinero, pero su esfuerzo y sacrificio les traerá una gran bendición. La Biblia dice que el que da al pobre presta a Dios (Proverbios 19:17). Y claro, en este respecto también pudieran existir abusos, incluso en el NT Pablo advierte a Timoteo de no ayudar a las viudas que pueden trabajar o que tienen familia que puede ayudarles (1 Timoteo 5:3-10). Existe en algunos la mala costumbre de lloriquear siempre, y de hacer creer a los demás que están en necesidad, cuando en realidad no lo están. Estos constantemente están pidiendo ayuda y nunca paran de tener necesidades. También en esto debe haber sabiduría y observar a las personas con mucho cuidado, pues hay familias que pueden tener gran necesidad, pero no la comunican, y por ello, si nadie lo sabe —y si nadie piensa en ellos—, nadie ayuda; en este sentido las Escrituras dicen: «Considerémonos unos a otros para estimularnos al amor y a las buenas obras» (Hebreos 10:24). Por tanto, debe existir sabiduría para dar, pero siempre ser generosos y estimular a los demás para que hagan lo mismo.

CAPÍTULO V
LOS DEBERES EN LA ESCUELA Y EN EL TRABAJO

Los ambientes en donde pasamos la mayor parte del tiempo en nuestra vida son en la escuela y en el trabajo. Cuando somos niños, y hasta la juventud, tenemos que invertir la mayor parte de nuestro tiempo en la escuela, y luego, cuando ya hemos terminado una carrera universitaria, el siguiente lugar en donde tendremos que invertir la mayor parte de nuestro tiempo será el lugar de trabajo. En esos lugares estarán personas de gran influencia en nuestra vida, las cuales nos ayudarán —para bien o para mal— en nuestra formación.

En este capítulo estaré hablando del comportamiento que debemos tener en estos lugares. De los deberes y de los buenos modales. Si logramos tener un buen comportamiento en estos dos lugares, se puede decir, estaremos logrando tener un buen comportamiento en la mayor parte de nuestra vida (debido a la gran cantidad de tiempo que tendremos que pasar en estos dos lugares).

LOS NIÑOS Y LA ESCUELA

La escuela es el lugar en donde empezamos a aprender a desenvolvernos socialmente. Es donde comenzamos a tener amigos y en donde también descubrimos una figura de autoridad y respeto distinta a los padres: el maestro(a). En la escuela aprendemos a leer y a escribir; aprendemos de matemáticas, historia, ciencias naturales, etc., pero allí también aprendemos a diferenciar lo que hemos aprendido en el hogar y el mundo que nos rodea. Por tanto, comparamos y contrastamos nuestros valores con los de los demás.

La educación secular comienza a temprana edad, entre los cuatro y cinco años; comenzamos con el jardín de niños. Allí encontramos a más niños de nuestra edad y con ellos compartimos el mismo nivel de desarrollo (o muy similar). Allí comenzamos a interactuar con otros niños con los que somos afines en varios aspectos; no obstante, es ahí también en donde empezamos a tener nuestros primeros conflictos. Por esos días, quizá peleemos con otros niños o en ocasiones no queramos obedecer al maestro(a). El niño está forcejeando internamente, está formando su personalidad y su carácter. Los seres humanos nos enfrentamos a impulsos y deseos que debemos reprimir, a fin de crear la disciplina indispensable para una vida en comunidad efectiva.

Los padres deben de instruir a sus hijos para que sean obedientes y respetuosos con los profesores, teniendo, por supuesto, un buen sentido común, esto quiere decir que ellos deben aprender a obedecer todo cuanto sea correcto, y si lo que se ordena no es correcto, ellos deben también saber que deben alejarse. Sin embargo, en su mayoría, los profesores piden hacer aquello que beneficiará al alumno. Por lo regular, no es difícil para los niños muy pequeños seguir instrucciones, y en su mayoría, estos son dóciles. En los primeros grados se aprende a leer y a escribir, pero también se aprende a jugar y a convivir con los compañeritos. El niño se va formando y su personalidad se desarrolla a medida que avanza en edad. Entonces viene la adolescencia y luego la juventud.

LOS ADOLESCENTES Y JÓVENES EN LA ESCUELA

El adolescente cristiano, aquel que se ha educado con valores cristianos en casa, seguirá las instrucciones que el maestro le dé. No obstante, la tendencia natural de los adolescentes es a ser perezosos y a optar por la vagancia. La mayoría de los estudiantes de esa edad no querrá hacer la tarea o el trabajo, aun sabiendo que es algo benéfico para ellos: ¿cuántos de nosotros recordamos cuando, por no estudiar o hacer la tarea, hicimos trampa en los exámenes o pedimos la tarea prestada a alguno para copiarla? Y no lo hicimos por pasarnos el día jugando o viendo la televisión. Esto es algo muy común, incluso si el niño o adolescente ha sido criado en un ambiente cristiano. Por tanto, los adolescentes deben ser ayudados por sus padres o tutores para vencer sus estados de ánimo y desarrollar una forma industriosa de vivir. Durante la adolescencia hay muchos peligros y debe existir una atención extrema de parte de los padres; la meta de ellos deberá ser que sus hijos terminen de formar su carácter y sean buenos cristianos y buenos estudiantes.

El joven cristiano debe mantener una conducta respetuosa y casta en su comportamiento con los demás. Dedicarse al estudio y prepararse lo mejor que pueda, de acuerdo a su capacidad. Los estudios deben de verse no tanto como algo que estrictamente será útil en la vida, sino tan solo como parte de su entrenamiento intelectual. Cuando un joven está decidido, por ejemplo, a estudiar una carrera en ingeniería o arquitectura, le parecerá pesado y sin sentido verse forzado a cursar complejas lecciones de historia, por ejemplo; sin embargo, él o ella debe entender que esto es parte de su formación intelectual, y que esos conocimiento y entrenamiento le será útil en el futuro (y no precisamente el conocimiento en sí). Lo mismo sucederá con quienes deseen dedicarse al arte cuando tengan que tomar la materia de matemáticas o de física. No obstante, teniendo eso en mente, el estudiante cristiano deberá esforzarse por cumplir con todos los requisitos, haciendo su mejor esfuerzo.

LAS ESCUELAS PÚBLICAS

En las escuelas públicas, en donde la educación debe ser laica, la educación es gratuita, pero existe el peligro de malas influencias. Para los estudiantes de las escuelas públicas es muy difícil mantenerse alejado de las malas influencias. Pudiera decirse que hasta el cuarto o quinto grado (lo que se llama en varios países la escuela primaria o elemental), los niños son inocentes en muchos aspectos, y aunque son capaces de aprender a mentir para ganar alguna ventaja, aún muchos de ellos son tiernos y tratan de agradar y obedecer a los adultos que tienen poder, tales como los padres, los abuelos, los tíos, los maestros, los pastores, etc.

No obstante, cerca del sexto grado, los estudiantes comienzan a ser irrespetuosos y desafiantes con la autoridad. Cuestionan los reglamentos y las órdenes de quienes están al mando, y esta actitud podría prolongarse hasta los diecisiete años de edad o más, cuando finalmente muchos de ellos comienzan a pensar más seriamente sobre su futuro. En este período previo a la madurez, las amistades y malas compañías podrían tener una influencia negativa muy poderosa en ellos. El joven en esta edad busca integración, por tanto, si se empieza a juntar con un grupo de jóvenes inconversos, el joven cristiano puede incluso desviarse del camino de Dios y comenzar a practicar cosas malas y envolverse en vicios tales como el alcohol, el tabaco, las drogas, etc.

EL JOVEN CRISTIANO Y LAS TENTACIONES

En el período de la adolescencia los chicos y chicas tienen muchas tentaciones. Ellos quieren pertenecer a un grupo y luchan por construir su identidad. Es por eso que, si los adolescentes no están bien dirigidos, si los padres no los guían por el camino recto, ellos tenderán a tomar malas decisiones. En algunos casos, el adolescente se rebela contra los padres, deja el hogar, y se da a la aventura, tal y como lo hizo el hijo pródigo, quien por cierto tuvo que afrontar consecuencias muy negativas. Por lo tanto, en el período de la adolescencia el consejo de los padres es algo sumamente importante, pues este puede ser clave para evitar que los hijos tomen malas decisiones. El consejo oportuno de los padres puede ayudar a los adolescentes para que actúen correctamente.

Por otro lado, los adolescentes tienen la tentación del sexo. Sienten curiosidad, y sus hormonas se producen en grandes cantidades, por lo que estos sienten deseos sexuales fuertes. En este tiempo es muy importante que los adolescentes dediquen suficiente tiempo al ejercicio físico y ocupen su mente en cosas productivas. Es clave también que se dediquen al estudio y reciban el consejo de los padres para que eviten el contacto físico; asimismo, es esencial que los adolescentes y jóvenes disciplinen su mente para jamás crear fantasías, ni confeccionen historias nocivas en su imaginación. Los adolescentes y jóvenes deben de mantenerse animados, con un espíritu siempre positivo y trabajen activamente en su futuro.

EL COMIENZO DE LA VIDA LABORAL

Los jóvenes, cuando cumplen los dieciocho años —y en algunos casos desde antes—, tienen la oportunidad de trabajar y así comenzar su vida laboral. Este tiempo de la vida es una muy buena oportunidad para crear la disciplina necesaria que se necesitará en el mundo laboral. En tales casos, los padres deben aconsejar a sus hijos que sigan los principios morales y éticos prescritos en la Biblia, esto es, deben ser leales en sus trabajos, cumplidos y hacer su mejor esfuerzo, como si lo que hacen lo estuvieran haciendo para Cristo mismo.

SÉ UN BUEN TRABAJADOR, NO TRABAJES POR DINERO

En el lugar de trabajo es normal que tales jóvenes tengan sus primeras experiencias con algunos malos compañeros de trabajo, quienes roban, flojean en el trabajo, y hacen fraude; no obstante, el trabajador cristiano debe abstenerse de estas cosas, y trabajar con industriosidad, haciendo las cosas con excelencia. Cuando él o ella ya no esté a gusto en cierto lugar de trabajo, debe abstenerse de criticar o hablar mal de las personas o del lugar; antes bien, debe agradecer a todos con las que hubo convivido y a quienes le dieron el empleo, y luego retirarse de ahí. El joven debe aprender a valorar, no solo el salario recibido sino otras cosas que son también importantes, tales como la disciplina, el trabajo en equipo, la tolerancia, etc. Hacer lo que a ti te gusta y dedicarte a aquello en lo que tienes un talento es mucho mejor que trabajar tan solo por dinero. La gente no debería simplemente intercambiar su vida por dinero, este es un principio equivocado, pues, aunque ganes menos, si haces aquello para lo que fuiste llamado, no solo estarás disfrutando la vida que Dios te ha dado, sino que harás las cosas bien y con excelencia, y esto te llevará finalmente al éxito (con la ayuda de Dios). También el joven debe aprender a valorar el ambiente de trabajo, los horarios, el crecimiento personal y profesional, las prestaciones que da la empresa o compañía a sus trabajadores, y la cantidad de trabajo requerido. Con esto último me refiero a que existen compañías en las que se exige a los trabajadores mucho más tiempo de trabajo que lo normal. Esto es algo que perjudicará gravemente su vida, mayormente si deja de dar suficiente tiempo a su comunión con Dios, a la convivencia familiar, y a su crecimiento personal.

Se espera que en el lugar en donde trabajas tengas reconocimiento y aceptación. Asimismo, tu dignidad debe ser altamente respetada, y el pago debe ser justo y a tiempo. Jesús dice: «El obrero es digno de su salario» (Lucas 10:7). Pero siempre recuerda que debes apartar una porción de lo que ganas para darlo a la iglesia a la que asistes. Esto es justo, puesto que los que trabajan en predicar y enseñar también merecen recibir un salario justo y el templo y las instalaciones necesitan dinero para su mantenimiento. De la misma manera, la obra misionera requiere recursos para seguir adelante, y Dios ordena que no nos olvidemos de los que tienen necesidad.

Hay quienes son tan felices en sus trabajos que podrían permanecer en la misma compañía toda su vida. Allí crecen en destrezas y conocimientos, cultivan buenas amistades (incluso amistades muy apreciadas). Y estos, siendo leales y haciendo siempre un buen trabajo, tendrán la paz y la satisfacción de haber cumplido con su deber.

ALGUNAS REGLAS DE ETIQUETA EN EL TRABAJO

En esta sección veremos algunas reglas de etiqueta en los lugares de trabajo, y aunque estas están más orientadas al trabajo de una oficina, los principios pueden ser aplicados a todo tipo de lugar de trabajo. Cuando tienes buenos modales en el trabajo terminarás siendo una persona bien apreciada y valorada, encontrarás gracia ante tus superiores y siempre serás un buen candidato cuando existan oportunidades de ascenso. En la Biblia podemos ver el caso de José, quien, aunque fue un esclavo y un presidiario, encontró gracia con sus superiores y fue elevado a sitios de liderazgo. La primera regla de etiqueta que estaremos examinando brevemente, será la puntualidad.

LA PUNTUALIDAD

La puntualidad es una característica inherente a la gente de excelencia, y habla de quienes tienen consideración y aprecio por el tiempo de los demás. Esta es una manifestación de respeto.

Contrariamente, la impuntualidad es inaceptable en todos los lugares de trabajo, pero quizá tenga todavía más repercusiones a la hora de hacer negocios; se pueden perder negocios muy importantes tan solo por esa falta que para algunos podría parecer no ser muy grave. Algunos pueden excusarse de que el tráfico estaba muy pesado o que tuvieron problemas para encontrar estacionamiento, pero estos son problemas que ya se conocen y que pueden tomarse en cuenta con anticipación.

En casos extremos, se puede avisar de un retraso de diez minutos a quienes te esperan en un restaurante, por ejemplo, para una comida de negocios;

pero tradicionalmente no existe más tolerancia que esa, y las razones que se presenten deben ser realmente válidas. Si se trata de una comida dada por la empresa en cierto lugar de sus instalaciones, y en la que varios participan, pasados los diez minutos, estos empezarán a comer, y al llegar quien se retrasó, muy probablemente tenga que adaptarse al tiempo de platillos en que se esté cuando llegue; por ejemplo, si llega al tiempo del postre, recibirá el postre solamente, más no los primeros platillos.

La puntualidad no solo tiene que ver con el tiempo de llegada sino con el de salida. En algunos lugares de trabajo solo se tiene consideración con el horario de entrada; sin embargo, sé un trabajador de excelencia y cumple con el horario prescrito, más no permitas que se tome más de tu tiempo, excepto en casos especiales.

La impuntualidad es una falta aún más grave cuando tú eres quien presida un evento, actividad laboral, comida, proyecto, etc. Se espera que un líder sea verdaderamente puntual.

GÓZATE CON LOS LOGROS DE LOS DEMÁS

El trabajador cristiano no debe ser celoso de que otro trabajador tenga mejores habilidades y progrese más rápido que él o ella. Si a un compañero tuyo, uno que trabaja contigo, lo promueven a ser tu jefe, debes sentir alegría por causa de él y pedir al Señor que te libre de las actitudes negativas, tales como los celos o la envidia. Dado el caso, quizá tú seas mejor trabajador que tal persona, pero Dios conoce todas las cosas y si tú eres un buen cristiano, Dios está en todo lo que sucede en tu vida. Debes aceptar a tal persona como tu nuevo jefe y seguir todas sus indicaciones; debes continuar siendo el buen trabajador que fuiste antes de que eso sucediera, y si consideras su ascenso como algo injusto, tarde que temprano, la injusticia cometida saldrá a luz. No debes codiciar los puestos de una compañía ni amargarte si pasa el tiempo y no los consigues; más bien, espera en Dios, haz tu mejor esfuerzo y pon todo tu empeño, pues si lo haces así, Dios lo verá y serás promovido, ya sea en ese lugar o en otro que él tenga para ti. Por cierto, también podrías ser uno de aquellos a quienes Dios luego prospera y les ayuda a establecer su propio negocio; siendo este el caso, el tiempo que ahora inviertas en tal o cual compañía es tan solo un tiempo de aprendizaje y preparación.

CONTROLA TUS EMOCIONES

Es natural que en el ambiente laboral existan personas antipáticas, conflictivas, de pobres modales y de malos sentimientos. Son personas que no conocen a Dios, porque si lo conocieran, no actuarían de esa manera. Hay compañeros de trabajo que podrían tratar de inculparte respecto a cosas que tú no has hecho, obstruyen disimuladamente tu desempeño y tratan de hacerte quedar mal ante tus superiores. Estas también, presentada alguna situación, podrían alzar la voz, actuar con prepotencia o incluso hablar palabras groseras ante ti o directamente contra ti. En tales casos siempre recuerda lo que tú eres: eres un hijo(a) de Dios, de buenos modales, cuyo comportamiento es superior al de aquellos que no conocen a Dios. Por tanto, mantén la calma, no entres en su juego y trata de establecer la verdad con cortesía y un espíritu de mansedumbre. Cristo dijo: «Aprended de mí, que soy manso y humilde de corazón» (Mateo 11:29), y esta actitud debe mostrarse, incluso, en el lugar de trabajo.

NO HABLES DE TEMAS PERSONALES

Reserva los temas personales para tu vida personal, y no los ventiles con nadie en tu lugar de trabajo. Al hablar del Señor con algún compañero de trabajo (por ejemplo, en el tiempo de la comida), podrías poner algún ejemplo de tu vida personal, pero no es aconsejable que hables de lo que sucede en tu familia y de tus problemas personales con nadie allí. Debes informar a tus amigos y familiares que no te llamen durante el tiempo del trabajo, a menos de que se trate de una emergencia.

NO COMAS MIENTRAS TRABAJAS

Es de mala educación que comas mientras estás trabajando o utilices el escritorio en donde trabajas como mesa para comer. Siempre busca los tiempos apropiados y los lugares apropiados. Si un empleado acostumbra a comer *snacks* a la hora del trabajo y el jefe lo ve, esto será en perjuicio de su desempeño y es poco probable que sea considerado(a) para un ascenso. Comer cualquier cosa a la hora del trabajo demeritará tu eficacia y hará que tu trabajo no sea de la excelencia que podría ser, por favor, evita hacer eso.

MANTENERTE LO MÁS POSIBLE EN SILENCIO

El proverbio dice: «Aun el necio, cuando calla, es contado por sabio; El que cierra sus labios es entendido» (Proverbios 17:28). El libro de Proverbios no es una colección de refranes judíos, es palabra de Dios, es la sabiduría de Dios. En este proverbio Dios dice que es preferible callar que hablar, y esto es muy aplicable al lugar de trabajo. Cuando estés en el trabajo, dedícate a trabajar, y reserva tus conversaciones para un tiempo en que estés fuera del horario de trabajo. Recuerda siempre que el tiempo en que estás en el trabajo le pertenece a quienes te han contratado, y ellos te están pagando por ese tiempo. Asimismo, es de muy mala educación alzar la voz cuando hablas por teléfono, digamos, con un cliente, mayormente cuando tienes cerca a otros compañeros de trabajo. Si deseas tener una conversación más agradable con tu cliente, y esto requiere que alces un poco la voz (para dar entonación y gracia a lo que hables), procura un lugar cerrado.

MANTÉN TU LUGAR SIEMPRE LIMPIO

Ya he mencionado varios aspectos de la limpieza personal, pero quizá valga la pena agregar otros detalles en este apartado. Los hábitos de limpieza empiezan, como ya he comentado, en el aseo personal. El aspecto de una persona es sumamente importante, por tanto, tu presencia debe lucir impecable. Los hombres que usan barba deben de mantenerla perfectamente limpia y bien recortada, y poner especial cuidado cuando están comiendo (es muy desagradable notar restos de comida entremetidos en la barba de alguno). Asimismo, como ya he dicho, la ropa, y todo aquello que forme parte de nuestro atuendo y pertenencias (p. ej. en las mujeres, los bolsos), debe estar perfectamente limpio. Nuestras manos siempre tienen que estar bien lavadas y limpias (esto incluye las uñas, las cuales también deben estar bien recortadas). Es preferible en las mujeres —para aquellas que se dejan crecer las uñas—, que estas no sean muy largas, porque además de resultarles algo impráctico para el trabajo, no es algo realmente atractivo; antes bien, deben estar medianamente largas, perfectamente limpias y modestas; es desagradable las uñas que están pintadas con colores chillantes y escandalosos. Tanto hombres como mujeres deben cambiar su ropa interior a diario y mantener sus partes íntimas perfectamente limpias. Los hombres que usan pañuelo, este debe de cambiarse y lavarse cada vez que se usa una vez.

Para aquellos que trabajan en un mismo sitio todos los días, la limpieza y el orden de este lugar es reflejo directo de su personalidad y educación. Respeta el espacio personal; no pongas en ese espacio tus cosas, tales como agenda, celular, ropa, etc. No te presentes con una agenda vieja o con papeles en desorden. Evita tener papeles dispersos en tu escritorio. Los abrigos y chaquetas deben ser puestas en un perchero o en un sitio especial para ello.

HABLA POR SU NOMBRE A LAS PERSONAS

Dale Carnegie, en su libro *Cómo ganar amigos e influir sobre las personas*, dice que el nombre de una persona es música celestial para sus oídos. Por tanto, debemos de usar, en la medida de lo posible, en nuestros tratos con los demás en el trabajo (y en todo lugar), el nombre propio de las personas. Usar el nombre propio de las personas tiene varios beneficios. Crea una cultura de respeto, de reconocimiento y de consideración en las conversaciones. Cuando una persona escucha su nombre le es otorgado un sentido de identidad; cuando está distraída o parece no estar poniendo atención, mencionar su nombre la traerá de nuevo a la conversación, y en general, nos ayudará a encontrar más simpatía para con todos. Usar el nombre de las personas crea un ambiente amigable y de cordialidad.

No obstante, muchas ocasiones podemos vacilar en cuál es la forma más apropiada de dirigirnos a alguien. Algunas personas se pueden sentir ofendidas si somos demasiado formales al mencionar sus nombres —p. ej. Dr. Fernández—, mientras que para otras, mencionar su nombre con demasiada familiaridad (o aún usar un diminutivo como paco, pancho, Curro, Quico) podría parecerles una falta de respeto. Lo mejor es preguntar a cada uno de qué manera le gustaría que lo llamen. Otra precaución del uso del nombre de una persona es no usarlo demasiado, mencionar demasiado el nombre de una persona podría parecer que estamos tratando de manipularla, cosa que produciría tener un efecto diametralmente opuesto a lo que deseamos.

NO CHISMES, NI HABLES MAL DE LOS JEFES

Según el diccionario de la Real Academia Española el chisme se define como «una noticia verdadera o falsa, o comentario con que generalmente se pretende indisponer a unas personas con otras o se murmura de alguna». El

Diccionario del Español de México lo define así: «Noticia o informe que se hace circular, bien sea verdadero o falso, sobre una persona, que puede enemistarla con otra o confundir a quienes lo reciben.

El chisme nace de un corazón que no marcha en línea con Dios y que no obedece sus ordenanzas, por tanto, es totalmente inaceptable en un cristiano. Así que, cada vez que algún compañero de trabajo desee involucrarte en una conversación que tenga esta connotación, aléjate. Jamás hables mal de tus jefes o de tus compañeros de trabajo. Por cierto, una regla en cuanto a este asunto, es que cuando hablemos de una persona debemos imaginar que ella está presente escuchando lo que decimos.

NO TOMES COSAS QUE NO TE PERTENECEN COMO «PRESTADAS»

En ocasiones podrá parecerte fácil tomar aquello que no te pertenece de algún compañero de trabajo, pensando que lo puedes tomar como algo «prestado». Si realmente necesitas algo que tu compañero o jefe(a) tiene, nunca tengas la temeridad de tomar algo de lo que él o ella tiene pensando en que no habrá problema. Antes bien, debes esperar hasta poder hablar con él o ella, o bien buscar otras alternativas. Recuerda que tomar algo que no nos pertenece sin el permiso del dueño es hurtar.

EL TRATO CON EL SEXO OPUESTO EN EL TRABAJO

Me gustaría terminar este capítulo hablando sobre el trato con el sexo opuesto en el trabajo. Hoy en día la sociedad es muy diferente a la que había hace cincuenta o más años. La mujer tiene una participación muy importante en el mercado laboral. El departamento del trabajo de los EE.UU. reporta que las mujeres hispanas representan el 60% de la mano de obra en el país. Esto significa que existe una interacción muy fuerte en el mundo laboral de las mujeres, las cuales muchas ocasiones trabajan junto con los hombres.

Dada esta situación, las infidelidades y las aventuras amorosas con los compañeros de trabajo se ha vuelto algo muy común. Respecto a esto último, la página web de Zipdo (software para el manejo de reuniones laborales) reporta que uno de cada cinco de quienes trabajan en una oficina, admiten que han tenido una aventura amorosa en algún punto de sus vidas. Asimismo, dice que casi un 60% de los empleados admitieron que participarían en un romance de oficina si estuvieran seguros que sus supervisores jamás se darían cuenta. Un 38% de las esposas que han engañado a sus esposos lo han hecho con compañeros de trabajo. 74% de las personas que se han involucrado en un romance de trabajo lo han mantenido en secreto. Por otro lado, los problemas laborales relacionados con acusaciones de acoso sexual han complicado en gran medida los tratos entre hombres y mujeres en el trabajo.

Dicho lo anterior, es muy importante que observes las siguientes recomendaciones a la hora de trabajar con personas del sexo opuesto:

1. *No te acerques mucho a él o ella.* Existen categorías para el distanciamiento personal en función de la intimidad. La distancia entre una persona y otra no debe ser menor a los 45 cm, y en la medida de lo posible, debe ser más (sin exagerar, es decir, sin que parezca que tienes un temor infundado).

2. *Jamás hables de cosas personales.* Habla solo asuntos relacionados con el trabajo, y algunos comentarios simples para evitar parecer insociable. Evita conversar sobre temas de asuntos privados y familiares.

3. *Evita comer a solas con un compañero(a) de trabajo.* Esto es algo que se debe evitar al máximo (mayormente tratándose de una mujer o un hombre casado/a).

4. *Evita hacer comentarios respecto a su atuendo personal o a su belleza física.* Es posible que tengas compañeros(as) de trabajo que pudieren ser más atractivos(as) que tu cónyuge físicamente. Posiblemente su forma de vestir sea elegante, y su porte atractivo. Sin embargo, tú, como hijo(a) de Dios no caigas en la trampa. Si eres soltero, considera, que si tu compañera(o) de trabajo no es cristiano(a) debes tener mucho cuidado en el trato que tengas con él o ella.

6. *Evitas las malas interpretaciones:* el cristiano debe siempre ser cordial y amable, pero también debe estar muy atento cuando trate con el sexo opuesto, esto a fin de evitar malas interpretaciones. Por ejemplo, evita comentarios que pudieren parecer sensuales u ofrecimientos. El cristiano debe ser una persona sonriente, y no se le debe negar una sonrisa a nadie. Sin embargo, debes evitar sonreír con una frecuencia inusual al sexo opuesto, a fin de que no se malinterprete

7. *Evita todo contacto físico.* En todo momento, guarda tu distancia de los compañeros(as) de trabajo del sexo opuesto.

8. *No vayan solos en un automóvil.* Si se presenta la ocasión, no debes aceptar ser llevado(a) por un compañero(a) de trabajo del sexo opuesto en un vehículo en donde viajen tú y él o ella solos, ni tú hacer lo mismo con tu propio vehículo. Si es estrictamente necesario, pide la compañía de una tercera persona.

9. *Ten cuidado con los espacios cerrados.* Evita estar a solas con un compañero de trabajo del sexo opuesto (mayormente en espacios cerrados). Si esto es realmente necesario, mantén la regla de hablar solo de asuntos laborales. Procura, en la medida de lo posible, incluir a una tercera persona en la reunión.

12. *Toma precauciones para evitar ser acusado.* Recuerda que las leyes hoy en día son muy estrictas respecto al tema de acoso sexual, por tanto, toma las precauciones debidas para no ponerte en riesgo. Las falsas acusaciones suelen crear daños irreversibles a la imagen pública de una persona. Recuerda el caso de José con la esposa de Potifar en la Biblia.

CAPÍTULO VI
LOS DEBERES CON EL GOBIERNO

Todos los que vivimos en esta tierra tenemos sobre nosotros autoridades. Los gobiernos de los países han sido puestos por Dios, según lo enseña la Biblia, y todos debemos de someternos a ellos. Ciertamente quienes nos gobiernan son personas imperfectas, y en algunos países estos están envueltos en actos de corrupción; sin embargo, eso no debe ser motivo para desobedecer lo que Dios nos ha ordenado: que nos sometamos a ellas (Romanos 13:1), siempre y cuando sea en el Señor, es decir, sin que contrarie la ley de Dios, o lo que Él ha ordenado.

OBEDIENCIA AL GOBIERNO, SIN IMPORTAR EL PARTIDO

En la inmensa mayoría de los países los gobiernos son democráticos; es decir, el pueblo elige a sus gobernantes; sin embargo, no siempre los procesos de elecciones son justos y transparentes. Un dato interesante es que, en la pirámide de necesidades de Maslow, al final, en la cúspide de la pirámide, después de que las necesidades fisiológicas han sido cubiertas (el alimento, el vestido, etc.), y después de las necesidades de seguridad (seguridad física, de empleo, de recursos, moral, familiar, de salud, de propiedad privada), de pertenencia (amor, afecto, intimidad sexual), y reconocimiento (autorreconocimiento, confianza, respeto, éxito), está la última de todas —y esta es la cúspide de la pirámide—, la autorrealización. En la autorrealización se incluye el poder. Es una lástima que, por llegar al poder, muchos políticos utilicen artimañas e inmoralidades —tales como mentir y dar falsas promesas al pueblo en sus campañas (cosas que cuando llegan al poder no cumplen, ya sea porque no son factibles o porque simplemente mintieron para ser elegidos).

Sin importar el partido político, ni la situación del país, es muy posible que podamos no estar de acuerdo con las políticas de los gobiernos, ni con las decisiones que ellos toman. Muchos de nosotros podemos opinar que las cosas deberían de hacerse de manera distinta (eso sucede con frecuencia) hasta con los mejores gobiernos. Incluso, se puede decir, que sucedió con el mismo Jesús, pues hubo una ocasión en que sus discípulos vieron mal que se hubiera derramado aquel perfume costoso sobre Su cuerpo (Marcos 14:3-5). No obstante, el liderazgo de Jesús fue perfecto.

EL BUEN CIUDADANO PAGA SUS IMPUESTOS

El buen ciudadano debe pagar a tiempo sus impuestos, hacer sus declaraciones fiscales como lo manda la ley, y no hacer trampas ni omitir o falsear información. Esto traerá paz mental y tranquilidad en caso de que se presente una auditoría de las autoridades, y paz moral al obedecer las leyes terrenales.

Cierto es que, como lo manda la Escritura, debemos someternos a las autoridades. Sin embargo, no es ningún pecado que ejerzamos nuestros derechos como ciudadanos, ni que cuestionemos la manera en cómo las autoridades manejan los recursos. Todo debe hacerse con orden y responsabilidad, no incitando ni a la insubordinación ni a la desobediencia civil, salvo que haya conflicto con la obediencia a Dios (pues «es necesario obedecer a Dios antes que a los hombres», Hechos 5:29).

Algunos se excusan (para no cumplir con sus obligaciones), diciendo que la administración que hace el gobierno de los recursos no es la que debería ser; estos critican sus decisiones en cuanto a los proyectos que aprueban y de los recursos que asignan a tales proyectos. Cierto es que existe corrupción en los gobiernos, incluso en los gobiernos de los países en donde existe mayor transparencia. No obstante, el buen ciudadano hace lo que le toca hacer individualmente, sin importar las decisiones que el gobierno tome al administrar los recursos.

APOYO A PROGRAMAS GUBERNAMENTALES

Es difícil estar conforme con un gobierno que se caracteriza por ser injusto y corrupto; mayormente cuando alguno de nosotros ha sido víctima de alguno de sus abusos; sin embargo, la Biblia ordena estarle sujetos, y orar por él (Romanos 13:1; 1 Timoteo 2:1).

El apoyo a los programas del gobierno también es importante. En lugar de quejarnos constantemente, debemos alabar lo positivo, pues así estaremos más contentos y satisfechos: esta es la actitud más correcta. Por cierto, si está en nuestras manos apoyar voluntariamente a un programa en particular, hagámoslo. Hay programas de limpieza comunitaria a plazas, escuelas, calles, etc., también de plantación de árboles o de mejoras. Participar en estos programas y actividades será bastante satisfactorio, pues son, no solo para nuestro beneficio personal, sino para el beneficio público. El ejemplo que estaremos dando a nuestros hijos también será muy valorado, y nuestras comunidades lo agradecerán.

Existen iglesias que se han interesado en participar en los programas que he mencionado. Estas se coordinan con las autoridades locales para realizar campañas de ayuda para la comunidad. Estas campañas, podrían ser, por ejemplo, atención médica gratuita, limpiezas dentales, corte de cabello, graduación de lentes, ferias del trabajo y servicios de entrenamiento, entre otras muchas. Estas son magníficas oportunidades para colaborar y participar cívicamente, cosa que, además, nos dará reconocimiento ante las autoridades y ayudará a mejorar nuestras comunidades.

CUANDO NO ESTAMOS DE ACUERDO CON LAS INSTRUCCIONES

Cuando la autoridad requiera que sigamos ciertas instrucciones debemos ser cautelosos y seguirlas de la mejor manera posible. Hay ocasiones en que alguien en autoridad (p. ej. un policía o un agente de tránsito vial) nos dé indicaciones con las cuales no estamos de acuerdo; sin embargo, deberemos seguirlas de todos modos, pues llegará un momento en que la situación se aclarará, y si actuamos correctamente no nos meteremos en problemas. «El que nada debe, nada teme», dice un dicho popular, así qué, si hacemos lo correcto y nos mostramos sumisos a la autoridad, no tendremos problemas.

Algunas personas asumen una actitud desafiante en contra de la autoridad, y esta actitud les lleva a conflictos innecesarios, con resultados muchas veces desastrosos. Cuando algún agente vial, por ejemplo, nos detenga por exceso de velocidad, lo mejor será seguir sus instrucciones con amabilidad; así, las consecuencias por desobedecer las leyes respecto al límite de velocidad serán mucho menos graves que si nos ponemos a la defensiva. Recordemos la admonición bíblica: «La blanda respuesta quita la ira; Mas la palabra áspera hace subir el furor» (Proverbios 15:1). Este proverbio se aplica en todos los casos, pero mayormente, cuando tratamos con nuestras autoridades.

A LA HORA DE VOTAR

El cristiano debe participar, con responsabilidad y sensatez, en la elección de sus gobernantes. Este debe elegir a los candidatos que tengan mejores propuestas y que hayan demostrado tener mayor integridad; los que tengan también suficiente experiencia previa en gobernar. El buen cristiano no debería dejarse arrastrar por argumentos sin fundamento ni por impulsos injustificados, pues hay quienes se apasionan demasiado por la política, y esto les lleva a cegarse y a cometer muchos errores. Podemos reconocer que existen políticos que poseen buenas intenciones, honestos, que desean mejorar sus comunidades y servir con humildad y dignidad; pero también hay muchos que son demagogos y hacen de su política un campo de batalla, se dedican a atacar a sus oponentes y en ocasiones falsean la verdad para aparentar lo que no es, y hacer quedar mal a su oponente. Estos lanzan acusaciones, hablan con ambigüedad y usan adjetivos y palabras de acuerdo a sus intereses. Aquí el ciudadano cristiano sensato debe de estudiar las evidencias y tomar decisiones basadas en la verdad y en los preceptos bíblicos. Respecto a esto tenemos el ejemplo del pueblo de Israel, quien tuvo reyes buenos y malos; los buenos trajeron bendición a toda la nación, pero los malos —en contraste— trajeron desgracia y muchos dolores y aflicciones al pueblo. Así que, pidamos en oración a Dios que nos envíe buenos gobernantes.

DEFENDIENDO LAS CAUSAS SOCIALES JUSTAS

Finalmente, quiero mencionar que es importante que el cristiano alce la voz cuando se trate de protestar contra algo que considera injusto. Actualmente, en muchos de nuestros países, existe el derecho de manifestarse públicamente en contra de algo que el gobierno ha hecho, o por su omisión (algo que *no* ha hecho). Vemos que muchos protestan por cosas que son realmente ilegítimas; y por la «igualdad» de sus derechos. Si bien es cierto que en tiempos pasados hubo mucha desigualdad y se cometieron muchos abusos, hoy en día esas manifestaciones se vuelven actos vandálicos que causan muchos daños, sobre todo a personas inocentes: los manifestantes pintan paredes, dañan cristales de negocios, coches, etc., y dañan la propiedad de personas completamente ajenas a esto. Asimismo, se degrada a la autoridad, y aún a la fuerza pública se le prohíbe actuar. Esto ocasiona que los que protestan se extralimiten en su protesta y, escondidos en el anonimato, hagan los peores actos de vandalismo. Estos han llegado a quemar y dañar edificios públicos, y aun monumentos históricos, cosas que son totalmente inaceptables. Al gobierno se le debe respeto, y las peticiones se deben encauzar por los conductos adecuados a fin de llegar a una negociación equilibrada y sensata.

Por tanto, es deber del cristiano participar en actos públicos de protesta en contra de las injusticias sociales, pero procediendo en el marco de la ley; pacíficamente y con respeto a los demás. La Biblia dice: «Si es posible, en cuanto dependa de vosotros, estad en paz con todos los hombres» (Romanos 12:18). Y también: «Vuestra gentileza sea conocida de todos los hombres» (Filipenses 4:5).

En conclusión a este capítulo podemos decir que como cristianos, debemos obediencia y sometimiento al gobierno.

CAPÍTULO VII
LOS DEBERES EN LA COMUNIDAD

El ser humano es un ser sociable. La tendencia natural de todos es a vivir en comunidades y a comunicarse unos con otros, Dios nos hizo así. Los seres humanos sentimos la necesidad de formar parte de una comunidad. Algunos creen que vivir solos, sin necesidad de nada y de nadie es lo mejor, pero esto no es así, de hecho, nos necesitamos unos a otros, ya sea por lo que producimos, el trabajo que hacemos o debido a nuestras propias necesidades; y no solo me refiero a las necesidades materiales (la comida, la ropa y la casa, etc.), sino a la necesidad de comunicarnos y de compartir con personas afines. Todos necesitamos de una comunidad.

EL AMBIENTE COMUNITARIO

Nuestra interacción social se da primeramente en la familia, y de entre ellos, la madre es la persona que nos atiende y cuida en la etapa de la infancia. El ambiente familiar es muy poderoso en la formación del ser humano; es por esto que los padres deben ser ejemplo para los niños en todo. Estos deben enseñar a sus hijos los valores cristianos y el modelo de un comportamiento correcto. La honestidad, la gratitud, la fidelidad, el perdón, la humildad, la compasión, el amor, la empatía, el respeto, el trabajo en equipo, el compromiso, la perseverancia, la valentía, el dominio propio, etc., estos son valores que los niños deben entender muy claramente y practicar todos los días.

En segundo lugar, el ambiente que más es de impacto en la vida de una persona es el ambiente comunitario; esto es, el lugar en donde vivimos, los vecinos, la escuela, las tiendas, la iglesia, las personas que empezamos a tratar. Cada persona con la que tenemos contacto en los primeros años de nuestra vida puede tener la capacidad de ser un impacto poderoso para nosotros, y este puede ser positivo o negativo.

Si el ambiente en que crecimos es un ambiente sucio, de palabras hirientes, de inmoralidad, etc., esto también podría reflejarse en nuestra edad adulta. Lo mismo sucede con un ambiente positivo. Incluso lo que vemos a nuestro alrededor, es decir, la percepción visual, es importante. Debe entonces mantenerse todo limpio y ordenado; los espacios deben ser lo suficientemente amplios, los colores apropiados, etc., pues todo esto influye de una manera u otra en nuestro estado de ánimo y en nuestra forma de pensar.

De forma natural, el ambiente en donde hemos crecido y en donde nos desarrollamos es algo que influye muy poderosamente en nuestro comportamiento. Aunque la educación podría ayudar a corregir muchos de los modelos negativos que pudimos haber adquirido en las primeras etapas de la vida, existe un camino mucho más excelente y seguro: la salvación del alma, el nuevo nacimiento, la conversión a Cristo, un encuentro con Dios. Jesucristo ha corregido el rumbo de miles de personas y las ha convertido en personas muy sobresalientes, independientemente de su trasfondo. Dios modela el comportamiento de una persona y si se deja moldear por Él, el tal será una persona encomiable y digna de admiración.

LA INTEGRACIÓN COMUNITARIA A LOS SISTEMAS DE SALUD

El ser humano ha evolucionado con los siglos, y los cambios sociales son constantes en nuestros días. Las sociedades han avanzado en muchos rubros. En cuanto a ciencia y tecnología, por ejemplo, los seres humanos han creado cada vez mejores sistemas de salud y el avance en la medicina es tremendo, así es que, aunque aún existen muchas enfermedades mortales (y mucha gente muere debido a ellas), se han reducido el número de muertes en general. El resultado de ello es que la población mundial es cada vez mayor; estamos cerca de llegar a la cifra histórica 8 mil millones de personas en el mundo, y este crecimiento se debe, en gran medida, a que las muertes por natalidad infantil han disminuido dramáticamente; y si en algunos países ha disminuido la población no es debido a la mortalidad infantil, sino porque los matrimonios existentes en tales países no desean tener hijos.

En los países desarrollados se han creado sistemas de salud que protegen la salud de sus habitantes desde el nacimiento mismo. Existen políticas para fomentar la salud en las escuelas y en los espacios laborarles; se construyen clínicas, hospitales y unidades de atención médica. Los fármacos cada vez están mejor desarrollados y son efectivos para la cura o tratamiento de enfermedades. No obstante, desafortunadamente, existen también intereses económicos muy poderosos, pues la atención médica y las medicinas se han convertido en un negocio muy lucrativo. Es así que se inflan los precios de los servicios médicos: procedimientos, tratamientos, consultas, hospitalización, cirugías, etc., así como los precios de las medicinas. Con todo, la atención médica está al alcance de casi todos y es una bendición para la humanidad, pues ha elevado la esperanza de vida.

Es un deber del cristiano ayudar, en la medida de los posibles los esfuerzos médicos a favor de la vida. Y digo «a favor de la vida», porque existe también un sector de la medicina que se ocupa de la muerte, esto es del aborto.

EL ABORTO Y LA EUTANASIA

La revista virtual del National Library of Medicine, reporta que un 97% de los obstetras y ginecólogos estuvo en contacto con pacientes mujeres que deseaban abortar a sus bebés, y de entre estos, un 14% realizó tales abortos. Dice que los que se identificaban como católicos y protestantes evangélicos, tenían menos propensión a practicar el aborto, especialmente «los evangélicos, y los médicos con una alta motivación religiosa». El artículo concluye diciendo que el acceso al aborto, particularmente en las comunidades rurales, y en el sur y medio oeste de los Estados Unidos, está limitado por la voluntad de los médicos para brindar este servicio.[1] Esto quiere decir que los cristianos en general se oponen contra el aborto. Los hijos de Dios sabemos que el aborto es el asesinado de una persona que todavía no ha nacido, y este es un acto abominable delante de los ojos de Dios. Así que, mientras nuestro deber es ser empáticos con la medicina (la que salva vidas, y trae alivio al dolor de

---

[1] Debra B. Stulberg, Annie M. Dude, Irma Dahiquist, Farr A. Curlin, "Abortion Provision Among Practicing Abstetrician-Gynecologist". Septiembre, 2011, National Library of Medicine. https://www.ncbi.nlm.nih.gov/pmc/articles/PMC3170127/ (Accedido 10/13/2023).

la humanidad), es también nuestro deber como cristianos estar en contra del aborto y la eutanasia.

La eutanasia es la intervención deliberada de un médico para poner fin a la vida de un paciente del cual se cree que no tiene esperanza de cura. Esta práctica es muchas veces es conocida también como «muerte sin dolor» y es muy parecida al suicidio asistido. El deber del cristiano en este sentido es estar a favor de la vida, y de la soberanía de Dios respecto a los casos de enfermos terminales. La verdad subyacente en este asunto es que Dios es soberano, y aunque sabemos que la muerte física es inevitable (Salmo 89:48; Hebreos 9:27), Dios sabe cuándo y cómo ocurrirá la muerte de una persona. Job 30:23 dice: «Porque yo sé que [Tú Dios] me conduces a la muerte, y a la casa determinada a todo viviente».

LA DISCRIMINACIÓN

Otro de los deberes importantes del cristiano en relación con la comunidad es tratar por igual a todos sin importar su condición social, origen étnico, estatus económico, sexo, orientación sexual, raza, religión, estado civil, etc. Todas las personas tienen derecho a pensar de manera que ellos deseen y a tomar las decisiones que ellas quieran siempre y cuando estas decisiones no afecten la liberad y los derechos de los demás.

Algunos cristianos, debido a su «celo» atacan a otros grupos que no piensan con ellos; y sin decirlo abiertamente, los discriminan. Sin embargo, Dios ordena que amemos a todos sin importar su condición; que los tratemos con respeto y con afecto, que les hagamos bien. Es común que existan cristianos que pidan justicia cuando ellos son discriminados, pero luego, cuando tienen poder, ellos hacen lo mismo con otros.

Los cristianos no estamos de acuerdo con la forma de pensar y actuar de otras religiones, ni con las practicas inmorales prescritas por la Biblia; sin embargo, brindamos amor y ayuda no solo a los que piensan como nosotros y son nuestros hermanos en Cristo, sino a todos. Con todo, la Palabra dice que empecemos ayudando a los miembros de nuestra familia en Cristo: «Así que, según tengamos oportunidad, hagamos bien a todos, y mayormente a los de la familia de la fe» (Gálatas 6:10).

Es importante también decir que el Señor no nos obliga a ser amigos íntimos de los incrédulos ni de los inmorales; y si bien debemos amarlos y tener contacto con ellos para hablarles del amor de Cristo, nunca es buena idea que los tengamos como nuestros amigos íntimos, porque esto puede ser peligroso en cuanto a nuestro propio andar con el Señor. Antes bien, el Señor nos manda a apartarnos de las malas compañías: «Por lo cual, Salid de en medio de ellos, y apartaos, dice el Señor, Y no toquéis lo inmundo; Y yo os recibiré» (2 Corintios 6:17). Y también dice: «El que anda con sabios, sabio será; Mas el que se junta con necios será quebrantado» (Proverbios 13:20). Un versículo más está en 1 Corintios 15:33, que dice: «No erréis; las malas conversaciones corrompen las buenas costumbres».

RESPETAR LOS DERECHOS DE LOS DEMÁS

«Tu derecho a extender los brazos termina en donde empieza la nariz de otro». Esta frase se atribuye a Oliver Wendell Holmes Jr. (1841-1935, jurista estadounidense); y es una forma muy simple y explícita para definir el derecho de las personas. Una cosa es respetar a los demás, pero otra es dejar que estos arrollen los derechos de otros grupos o los tuyos. Por ejemplo, el caso de los derechos como seres humanos de la comunidad LGBT es una cosa aceptable, pero que esta comunidad quiera entronizarse de los derechos de los que no piensan como ellos, y que quieran adoctrinar a los niños para que estos tengan luego su ideología, es totalmente inaceptable. El que ellos quieran trastornar y poner de cabeza la sociedad y destruir el modelo bíblico de la familia es totalmente aberrante y diabólico. Lo mismo sucede con otras ideologías como el comunismo o el feminismo.

Benito Juárez, considerado uno de los más grandes presidentes que ha tenido México en la historia dijo una vez: «El respeto al derecho ajeno es la paz». Cuando nosotros respetamos los derechos de los demás e incluso defendemos los derechos de los débiles, estamos demostrando sensatez, amor cristiano y un espíritu pacífico.

BUENOS MODALES RESPECTO A DIVERSAS PERSONAS

Aunque en cierto sentido todas las personas tenemos los mismos derechos y el mismo valor como seres humanos, siempre se debe tener especial consideración respecto a ciertos tipos de personas: las mujeres embarazadas, quienes cargan un bebé (máximo tratándose de una mujer), los ancianos, los niños y los que tienen alguna discapacidad.

Las mujeres en general merecen un trato de mayor cortesía y delicadeza, y de esto se ha estado hablando en algunas partes de este libro. No obstante, a las mujeres embarazadas, debido a su estado, se les debe considerar de manera especial. Si estamos por ejemplo en el supermercado, haciendo fila para pagar, y una mujer embaraza se sitúa atrás de nosotros, debemos de inmediato cederle nuestro lugar. Si viajamos en un autobús o trasporte de pasajeros, debemos cederle el asiento; debemos abrir la puerta para ellas, ya sea de un vehículo o de un edificio. Debemos ayudarles si necesitan cargar cualquier cosa para llevarla al automóvil o a la puerta de su casa, etc. Lo mismo aplica para los ancianos, para los que llevan un bebé en brazos (mayormente las mujeres), y para los discapacitados.

Es algo lamentable que los arquitectos no consideren a este tipo de personas cuando están diseñando los edificios, espacios comerciales o las áreas urbanas. También deberían de existir cuartos de hotel que tengan algunos cuartos con las adecuaciones necesarias para los ancianos y los discapacitados.

EL CUIDADO DE LOS ESPACIOS PÚBLICOS

Los espacios públicos pertenecen a la comunidad. Toda persona educada comprende que lo que ha sido puesto para el servicio de la comunidad debe de cuidarse como propio. Los parques deben de cuidarse bien, los árboles, las flores, el césped. Debemos mantener siempre limpios estos espacios y poner la basura en su lugar.

Tratemos de mantener los baños públicos lo más aseados posibles, incluyendo los que existen en las tiendas departamentales, las salas de espera de hospitales, clínicas y consultorios médicos, restaurantes, tiendas de conveniencia, etc. Siempre pensemos cómo nos gustaría encontrar ese lugar para nuestro propio servicio. También se deben usar los artículos sanitarios (tales como papel sanitario, jabón, agua, papel para manos, etc.) con medida, y procurar que todo esté en su sitio; también, evitemos derramar agua en el piso.

Si hacemos uso de la biblioteca, cuando pidamos prestado un libro, cuidémoslo con esmero. Jamás rayemos los libros, ni lo expongamos a accidentes, por ejemplo, el derramamiento de líquidos, comida, tintas, pinturas, etc. Cuando hojeemos el libro nuestras manos deben estar limpias y libres de cualquier cosa que pudiese manchar el libro. Romper la página de libro prestado es una falta; y si esto sucede, debemos comprar un ejemplar nuevo y quedarnos con el roto.

En el supermercado debemos, en la medida de lo posible, poner las cosas en el orden que estaban antes de tomarlas. Es muy conveniente traer con nosotros nuestras propias bolsas reciclables para ayudar a la protección del ambiente. El carrito de compras debe devolverse a su lugar. El coche debe estacionarse bien y en los lugares permitidos. No es necesario mencionar que no debemos tomar ni consumir nada que no vayamos a pagar, así sea algo muy pequeño.

El cristiano no puede cambiar la conducta de los demás, pero sí puede cambiar su propia manera de proceder. En todo debemos demostrar nuestros buenos modales y educación, pues esto es parte también de nuestro testimonio cristiano.

CAPÍTULO VIII
EL TRATO CON LOS DEMÁS EN SITUACIONES FORMALES

Las relaciones sociales son muy importantes. Sin embargo, a fin de lograr el éxito en esta parte tan importante de la vida, necesitamos aprender a diferenciar entre las situaciones formales y las informales. Tres cosas aquí están combinadas: la personalidad propia de cada uno; el sentido común; y las reglas de etiqueta y buenos modales, los cuales, al practicarlos, denotamos ser personas con un comportamiento respetuoso, mesurado y civilizado.

Las reglas de etiqueta imponen protocolos de comportamiento en ciertas circunstancias. Entendemos que, en la iglesia, durante el servicio —como ya vimos—, no debemos de platicar, estar consultando las redes sociales, ni ninguna otra actividad ajena a lo que se está desarrollando ahí. Cuando estamos en algún otro edificio público, por ejemplo, un teatro o una sala de cine, es indispensable guardar silencio durante la función o la proyección de la película a fin de no arruinar ese espectáculo para los demás. Sin embargo, con los amigos y en situaciones informales, nuestro comportamiento cambia, es más relajado y nos volvemos bromistas y jugueteamos, es aquí donde el sentido común y las habilidades de comportamiento social entran en juego. En este capítulo estaremos profundizando más respecto a las situaciones informales.

LA FORMALIDAD DEL USTED

Mayormente en nuestras nuevas generaciones, existe bastante confusión respecto a cuándo debe de usarse el informal y cercano «tú», o el que marca distancia, el «usted». ¿Cómo hemos de dirigirnos a una persona? Esta es una pregunta que atormenta a todos los estudiantes del idioma español, pero también es objeto de muchas dudas entre los que han nacido embebidos en nuestro idioma (mayormente entre las nuevas generaciones).

La respuesta a esta pregunta no es tan sencilla como parece, pues en ocasiones nos es difícil distinguir la frontera entre la formalidad y la informalidad, aun y cuando hemos estado navegando entre estos dos modos de expresión por muchos años. En cuanto a esto, veamos algunos lineamientos básicos.

CONSIDERA LA EDAD DE LA PERSONA

La edad de la persona es un buen determinante. Una regla de oro en cuanto a esto es que las personas que son diez años o más mayores a nosotros, les deberíamos de hablar de usted. Esta es una señal de respeto y consideración a su edad. No obstante, esa regla no se aplica cuando existe suficiente familiaridad. En generaciones pasadas se habla de *usted* a los padres y a todas las personas mayores, independientemente de qué tan cercadas fuesen; no obstante, hoy en día, se han modificado las cosas (mayormente en países como España y EE.UU.), pero también en México y otros países; y esto es, cuando existe suficiente familiaridad, lo correcto es hablar a la gente de *tú*. Por ejemplo, a los nietos se les permite (y es deseable) que hablen de *tú* a sus abuelitos; pero un amigo de ellos, por no ser de la familia, deberá de hablar de usted a esa persona mayor. Y esta regla continuará presente, incluso si este amigo es muy cercano al núcleo familiar, pues si abandona ese tono de cortesía, podría ser mal visto por tales abuelos. El dirigirse a una persona mayor de usted denota respeto y cortesía para las generaciones mayores de edad.

CUANDO LAS PERSONAS SON DESCONOCIDAS

Cuando las personas son desconocidas, ajenas o poco familiares o las hemos tratado poco, tendemos a hablarles de *usted*. Esto por cierto es algo muy recomendable, pues así estaremos marcando una distancia prudente.

Cuando no conocemos bien a una persona, aunque sea de nuestra edad, no sabemos cómo reaccionará si le hablamos de *tú*. Esto se da mucho entre personas casadas o personas de cierta edad, quizá arriba de los treinta. Cuando una mujer, por ejemplo, es casada siempre debe dirigirse a otros hombres casados como *usted*; pues si les habla de *tú* esto constituirá una falta que en ciertos contextos podría ser tomada hasta como inmoral. Esto es importante, porque se supone que las personas casadas siempre deben mantener cierta distancia respecto a las personas del sexo opuesto que también son casadas. Y las solteras, aunque las casadas sean de su edad, deberán hablarles de *usted*, para respetar su estatus social y mantener una distancia prudente.

No obstante, otra vez, esta regla no se aplica cuando hay suficiente proximidad. Por ejemplo, puede darse el caso de dos amigos del sexo opuesto para quienes es obvio que cuando uno de ellos se casa, él o ella seguirá hablando de *tú* a su amigo (aunque tal amistad deberá ser mucho más distanciada, a fin de no tener problemas con su cónyuge). La ruptura de esta regla se aplica también en el caso de la familia, los hermanos, por ejemplo, o los primos, etc.

CUANDO QUEREMOS CREAR UNA ACTITUD DE RESPETO

Es común en países como España, que en los restaurantes los meseros hablen de *tú* a los clientes, o en lugares pertenecientes a la administración pública, tales como la oficina de correos, o el departamento de policía, etc. En muchos negocios, a los clientes se les habla de *tú*, y esto es una estrategia, para que los clientes de cierta edad se *sientan más jóvenes,* o para crear familiaridad.

Sin embargo, si algún problema se suscita o sentimos que estamos siendo injustamente tratados, siempre tendremos el recurso de hablar de *usted* a los empleados de tales lugares. Cuando reaccionamos de esta manera estamos reforzando la idea de «no soy tu familiar, ni un amigo cercano a ti; soy tu cliente, y requiero un servicio justo y eficiente».

CUANDO TRATAMOS A PERSONAS DE CIERTO RANGO SOCIAL O POSICIÓN

Asimismo, se habla de *usted* a las personas que consideramos que tienen cierto estatus social formal. Por ejemplo, es común que los estudiantes hablen de *usted* a sus profesores (excepto en el caso de que estos permitan, e incluso motiven, a sus alumnos a tutearlos). Esto último es flexible en el caso de los profesores jóvenes cuya edad se aproxima —la regla de los diez años— con la edad de los alumnos, no obstante, siempre la prudencia es una medida de más seguridad en muchos casos. Se habla de *usted* a los directores de una empresa, a los dueños de un negocio, a los pastores, a los siervos de Dios en general. A los gobernantes, y a toda persona que tenga alguna posición social.

En conclusión, se debe tener una actitud muy respetuosa aun y cuando algunos no la tengan con nosotros. Recuerda siempre que tu buena educación y tu calidad como persona no depende de la buena educación ni de la calidad de las personas que te rodean o que tratas en cualquier contexto. Tu buen comportamiento no está condicionado a los demás.

NUESTRO TRATO CON LOS VECINOS

Siempre será muy importante tener una buena relación con los vecinos. Nunca sabes en qué momento requerirás de su ayuda, y esto será también una oportunidad para mostrar tu buen comportamiento cristiano. Hay ocasiones que se presentan emergencias, y si logras tener una buena comunicación con tus vecinos, estarás creando un ambiente en donde las personas se preocupan unas por otras. Ellos protegerán a tus hijos y tu propiedad. Además —y esto es lo más valioso— podrían ser salvos (sino todavía no lo son), si tú mantienes una conexión saludable y respetuosa con ellos.

No todos los vecinos son iguales. Hay vecinos ruidosos e insoportables, aquellos que les gusta subir su música a todo volumen, que son mal hablados e insoportables. Otros son amables y fáciles de tratar. No obstante, en el caso de los que son difíciles, la Biblia nos dice que la forma de vencer el mal es con el bien. Nunca sabes si tus vecinos pueden convertirse en tus mejores amigos, en tus aliados, y en personas que lleguen a convertirse en una gran bendición para tu vida.

A los vecinos siempre hay que tratarlos con mucho respeto y cordialidad. Aun en los momentos en que, por ejemplo, llegues del trabajo después de un mal día, debes brindar una sonrisa y un saludo cordial. Incluso cuando existe algún conflicto en el vecindario, tú siempre mantén la cordialidad y el respeto.

Siempre respeta la privacidad de todos tus vecinos. En ocasiones existen cosas negativas respecto a las vidas de los demás de las cuales tú llegas a enterarte; no las comentes, no te metas en asuntos que no son tuyos. Pablo dijo a Timoteo: «No participes en pecados ajenos. Consérvate puro» (1 Timoteo 5:22). Mantén la discreción en todo momento.

No está por demás decir que evites ruidos innecesarios (mayormente durante la noche), y que mantengas limpios los espacios comunes (sobre todo para los que viven en un edificio de departamentos); asimismo, ten cuidado de tus mascotas, pues estas podrían irrumpir en la propiedad ajena e incluso causar algún daño allí. Ten también consideración de los olores y de la basura. Ten cuidado con tus plantas, ya que en ocasiones las hojas y ramas pudieren caer en el patio o el balcón del vecino. Si tienes niños pequeños, es importante que los mantengas controlados para que no hagan ruidos que molesten a los vecinos; es muy importante que tus niños vayan a la cama temprano.

Trata de aprovechar todas las oportunidades que se te presenten para servir a tus vecinos. Sé espontáneo, y procura la convivencia. Jamás lograrás tener convivencia con aquellos vecinos que no la fomentan si tú no tienes iniciativa, sé proactivo(a). La convivencia implica que las personas son capaces de coexistir en el mismo espacio conservando la armonía y la paz entre ellos. Para lograr una bonita convivencia, es necesario conocer y respetar las normas que están prescritas en el vecindario, y cumplirlas.

Tus vecinos tienen sus intereses, sus propias metas; fueron educados de manera distinta a la tuya, e incluso, pueden no compartir tu fe; sin embargo, es posible que, si tomas tiempo para conocer a tus vecinos, lograrás comprenderlos, tener una buena convivencia con ellos, e incluso, podrás llevarlos al punto de ayudarlos a conocer al Señor.

Por último, si existe el caso de vecinos problemáticos y hasta peligrosos, ora por ellos, y refuerza la seguridad de los tuyos, y de tus posesiones. En casos extremos será necesario cambiarse de vecindario.

El trato con los vecinos casi siempre será en el marco de un trato formal. No es conveniente tener un trato muy cercano con nuestro vecino ni visitarlo con demasiada frecuencia. La Biblia nos dice: «Detén tu pie de la casa de tu vecino, No sea que hastiado de ti te aborrezca» (Proverbios 25:17).

CONVERSACIONES CON EXTRAÑOS

Una persona bien educada y de buenos modales se caracteriza por su trato amable para con todos. Por su espíritu afable y bondadoso. Él o ella, se distingue por sonreír en toda circunstancia y tener una actitud de apertura antes que de inaccesibilidad. No obstante, él o ella también sabe los momentos propicios para hablar, mayormente cuando se trata de hablar con extraños.

CUANDO TENEMOS QUIÉN NOS PRESENTE

A muchos nos ha sucedido que vamos a una fiesta y tenemos contacto ahí con personas que jamás habíamos visto. Ellos son extraños para nosotros y nosotros para ellos. En esos casos, cuando existe una persona que conoce a ambos, esta debería ser la persona que presente a los desconocidos. Parte de las funciones principales del anfitrión de una fiesta es presentar a los desconocidos. Este también introduce públicamente a un invitado distinguido en una reunión, cena, etc. La introducción de una nueva persona no debe ser en medio de alguna conversación animosa, excepto en el caso de premura, con una debida disculpa.

Un visitante que acaba de llegar al salón no se presenta a otro que se está despidiendo; pues el que se está despidiendo podría estar apresurado por retirarse; por tanto, ambos deberán esperar a otra ocasión más conveniente.

Siendo nosotros extraños o desconocidos en algún lugar, es de gran aliciente tener a alguien que nos introduzca (mayormente si no somos personas muy sociables). Esto se da también en las iglesias, con los nuevos que llegan. Ellos esperan que alguien los introduzca con otras personas, y si eso no sucede, quizá ellos nunca lograrán conectarse con los demás, cosa que es bastante lamentable.

Es un protocolo obligado presentar a un nuevo empleado a los demás; y que esto no suceda es una grave falta. El gerente, director o dueño de una compañía debe ir personalmente con cada empleado (mayormente tratándose de los que estarán trabajando directamente con el nuevo empleado) y presentarlo. Debe asegurarse de que ellos entendieron sus nombres e incluso, repetir los nombres de ellos tanto como sea posible para lograr una buena conexión.

CUANDO NO TENEMOS QUIÉN NOS INTRODUZCA

Cuando se trata de quienes se sientan a la mesa con personas desconocidas, ya sea porque asisten a una fiesta o por alguna situación especial, deben presentarse ellos mismos. Sin embargo, cuando encontramos a alguien en un parque, o viajamos con un extraño al lado, ya sea en autobús, en tren o en avión, es opcional conversar con él o ella; sin embargo, la mayoría de las veces hacerlo resulta benéfico.

Hablar con extraños requiere habilidad social e inteligencia emocional; por tanto, ganarás ambas cosas cada vez que lo intentes. Nunca sabes si el extraño que viaja al lado tuyo resulta ser tan compatible contigo que llegue a convertirse en un amigo para ti en el futuro: al hablar con gente que no conoces podrías cosechar buenos amigos; te ayudará a ser un mejor conversador; podrás aprender a ver las cosas en perspectivas que quizá nunca imaginaste; puedes encontrar buenos negocios, y, lo más importante, te ayudará a mejorar tus habilidades para el evangelismo personal. En la Biblia tenemos muchos casos de personas que hablaron con extraños. Incluso, la Palabra de Dios nos anima a tener contacto con ellos para brindarles ayuda. Por ejemplo, Mateo 24:35 dice: «Porque tuve hambre, y me disteis de comer; tuve sed, y me disteis de beber; fui forastero, y me recogisteis»; Hebreos 13:2 también dice: «No os olvidéis de la hospitalidad, porque por ella algunos, sin saberlo hospedaron ángeles». Y Juan, el apóstol del amor, dice en su tercera carta universal: «Amado, fielmente te conduces cuando prestas algún servicio a los hermanos, especialmente a los desconocidos» (3 Juan 1:5).

No obstante, es natural que mantengas tus reservas con los extraños; mayormente al principio. Sin embargo, que tú brindes amor y atención a personas que no conoces, habla de que eres, no solo una persona bien educada y de buenos modales, sino una que manifiesta el amor de Dios. A nadie nos gusta ser tratados con recelo, y desconfianza. Por tanto, trata de navegar bien entre las reservas que tomas para tu propia seguridad, y la apertura que muestras a los desconocidos. La gran ventaja que tenemos los cristianos es que el Espíritu Santo da testimonio a nuestro espíritu cuando la persona con la que tratamos es también un hijo(a) de Dios, y una persona santa. Asimismo, a medida que vas tratando con extraños (y aunque eventualmente seas engañado por alguno [recuerda que siempre será preferible no correr riesgos respecto a tu seguridad personal y la de los tuyos]), a medida que vas teniendo convivencia con ellos, irás aprendiendo a discernir las intenciones de los demás, a saber lo que estos podrían pensar y/o sentir: esta es una combinación del discernimiento que da el Espíritu Santo y una inteligencia emocional que se va desarrollando. Recuerda que cualquier experiencia negativa que tengas con algún extraño en el pasado debe de ser tomada positivamente, y no para que tu amor se enfríe. La Palabra dice: «y por haberse multiplicado la maldad, el amor de muchos se enfriará» (Mateo 24:12).

COMENTARIOS POSITIVOS DE PERSONAS EXTRAÑAS

Es bueno hacer comentarios positivos a las personas, pero necesitamos saber cuándo, de qué manera, y a quién. El lanzamiento de comentarios positivos a personas que no conocemos es casi un arte, pues, aunque no sabemos cómo una persona podría reaccionar, algunos se han perfeccionado tanto en ello, que encuentran la forma de hacer sonreír aun a personas que jamás han visto en su vida.

Cuando una persona nos sonríe está mostrando apertura, y esta es una señal de cortesía y de bondad. Podemos hacer comentarios positivos a personas desconocidas tales como: «Qué bello bebé»; o en situaciones que son comunes como: «Me gusta mucho como remodelaron la tienda»; o un comentario gracioso, como: «Hay dos palabras que te abrirán muchas puertas: jale y empuje»; o un poco de sarcasmo: «Ay, cómo me gusta cuando se tardan en la fila, tengo tiempo para hacer amigos o enemigos». Si vemos a una pareja de recién casados, podemos hacerles una pregunta como: «Ustedes se ven como recién casados, ¿cierto?», y luego: «Cómo se conocieron». O una madre con su hija: «Exactamente la misma cara», «parecen hermanas». Entre más logremos dominar el arte de crear frases positivas y agradables para iniciar una conversación, más fácil se nos hará cada vez.

Y de nuevo, tenemos que observar lo que sucede después de lanzar nuestra frase. Es natural que estas frases o comentarios de apertura se den entre personas afines. Por ejemplo, dos hombres o dos mujeres. No es tan común que sea entre un hombre casado y una mujer casada, por ejemplo, y en ciertos contextos no sería muy propio; excepto, en la iglesia, donde el pastor puede lanzar comentarios positivos o frases a todo tipo de personas debido a su posición.

Por cierto, jamás, ni el pastor ni ninguna otra persona debería de hacer comentarios respecto al atuendo ni al cuerpo o belleza de ningún hombre o mujer joven o anciana. La única excepción es en el caso de los bebés y de los niños muy pequeños. Las miradas de arriba abajo no son para cristianos, y son de mala educación; lo mismo sucede cuando alguno mira el escote de una mujer o determinada parte de su fisonomía; fijar la vista en la indumentaria de alguien o en un defecto físico es algo que te denigrará. Las personas tienen su espacio y no admitirán que leas lo que ellos leen por encima del hombro o de reojo, mayormente en el caso de desconocidos.

SITUACIONES DE CONFLICTO CON DESCONOCIDOS

Las relaciones humanas son complicadas y requieren una gran dosis de sabiduría. Sucede entonces, que se dan situaciones en donde podría suscitarse un conflicto con personas que ni siquiera conocemos. Esto sucede en las oficinas gubernamentales, en las tiendas, en los vehículos de transporte público, en el tráfico (tanto con otros automovilistas como con los transeúntes) en los estacionamientos, y en muchos otros lugares públicos.

En primer lugar, cuando nosotros hemos recibido la ofensa, es mejor mantenerse callado y alejarse del lugar de ser posible. Podemos dirigir una mirada de confusión al ofensor, y de disgusto, pero cuidemos de no abrir la boca. Hay situaciones, en donde, desde luego, no podemos abandonar el lugar, por ejemplo, cuando nos han chocado el coche. En caso así, lo mejor será siempre actuar con serenidad, y hacer lo que necesitamos hacer: llamar a la autoridad y a la compañía de seguros. Si la ofensa es tan grave que amerita la presencia de un policía, hagámoslo tan pronto sea posible. Evite cualquier enfrentamiento directo con desconocidos; nunca sabemos con qué clase de persona estamos tratando y esta podría tener consigo un arma. En la medida de lo posible, hablemos al ofensor con cortesía y perdonémosle; lo más seguro es que no tuvo intención alguna de ofendernos, y nosotros también en algún momento nos hemos equivocado. Existen también personas que tienen graves problemas personales, y quizá esa sea una oportunidad para presentarles a Cristo.

Si fuimos nosotros los que, por falta de atención, o debido a algo que estuvo fuera de nuestro alcance, ofendimos a otro, pidamos perdón de inmediato. Tratemos de arreglar el daño tan pronto como podamos, y tratemos de que, aunque sea muy poco probable que veamos a tal persona en otra ocasión, logremos tener paz y armonía con ella. Recordemos siempre que Dios nos está viendo y a Él tendremos que dar cuentas.

Es nuestro deber cívico denunciar a aquellas personas que están cometiendo alguna injusticia en contra de otras personas. Por ejemplo, supongamos que, habiendo una fila muy larga para pagar, una persona que recién llega finge conocer a alguien que va enfrente, conversan un poco y luego esta se queda en la fila. Esta acción denota, desde luego, que esta persona recién llegada tiene poco civismo. El cristiano, en tal caso, debería tener el valor suficiente para denunciar a tal persona de una manera sobria y calmada diciendo algo como: «Disculpe, señor (a), el final de la fila está allá (señalando el final de la fila)». Este comentario, en la mayor parte de los casos bastará para que el intruso acate y apenado se sitúe al final de la fila. No obstante, si en lugar de hacer eso, esta se violenta y le contesta enojado, tú no respondas nada, y deja las cosas así. Has cumplido con tu deber cívico, pero no puedes ir más allá. Si un conflicto involucra un poco de dinero, prefiere sufrir la pérdida antes que el conflicto, siempre será mejor perder un poco de dinero que grandes cantidades de tiempo y de estrés en un conflicto con desconocido; evítalo.

Ahora bien, siempre tratemos de ayudar a todos, incluyendo a los desconocidos. En los Estados Unidos ha sucedido el caso de personas que han querido ayudar a otras en alguna situación, y que luego, por desconocer los procedimientos, han empeorado las cosas. Debido a esto, estas buenas personas han tenido que enfrentar demandas millonarias. En consecuencia a estas injusticias, por muchos años, si alguien encontraba a un herido en el camino, preferían no ayudarlo para evitar el riesgo de una demanda. No obstante, tras legislar con respecto a ello, ahora existe la Ley del buen samaritano, la cual protege a los voluntarios que se presten para ayudar en caso de una emergencia. Aunque esta ley varía de estado a estado, está presente en los 50 estados de la Unión Americana y en el Distrito de Columbia. La Ley del buen samaritano ha permitido que sean ayudadas muchas personas, y se han logrado salvar muchas vidas. Por tanto, el cristiano debe estar alerta y actuar debidamente dependiendo de la situación; es muy posible que la persona que necesita ayuda la obtenga por alguien que fue considerado y estaba en el lugar y en el momento preciso. Se recomienda mucha oración al salir de casa y estar siempre alerta. Recordemos la parábola del buen samaritano (Lucas 10:29-37).

CAPÍTULO IX
EL TRATO CON LOS DEMÁS EN SITUACIONES INFORMALES

Una de las cosas más bellas de la vida es la convivencia con los amigos, y ellos son para nosotros una verdadera bendición de Dios. Con ellos podemos bromear, jugar y ser lo que somos. No obstante, hay ocasiones en que se debe actuar con prudencia. Recordemos por tanto que existe en cada uno distinciones de carácter; todos somos diferentes y tenemos diferentes personalidades, ahí es precisamente en donde radica la complejidad de las relaciones interpersonales.

Tenemos afinidad con ciertas personas por su forma de ser. Hay quienes son serios e introvertidos; otros son muy alegres y extrovertidos. Unos disfrutan de ciertas actividades, ciertos tipos de música y otras artes; otros son formales, les gusta lo científico, etc. Lo importante es encontrar un círculo de amistades con quienes seamos más compatibles, y con quienes disfrutemos convivir.

SITUACIONES COMPROMETIDAS

No siempre logramos tener armonía cuando estamos en compañía de los amigos. Hay situaciones en las que no nos sentimos cómodos; ya sea porque alguno o algunos de nuestros amigos han dicho o hecho algo que no es de nuestro agrado o porque no estén de acuerdo en algo que nosotros hayamos dicho o hecho. En situaciones incómodas como estas debemos ser lo más tolerantes posibles. Esto no significa que comprometamos nuestros principios ni que actuemos con hipocresía, sino que hemos de respetar la opinión del otro y asumir que somos diferentes y pensamos diferente en muchos casos. No obstante, si se trata de algo que atente contra nuestros principios fundamentales, debemos mostrar nuestra posición con firmeza. Los principios éticos son innegociables, lo que creemos como cristianos es algo inamovible también; por tanto, hemos de mostrar integridad. Pero eso no significa que habremos de mostrar nuestros valores e integridad irrespetuosamente, más bien todo lo contrario: con sensatez, hemos de reconocer la situación como una oportunidad para mostrar nuestros buenos modales y buena educación siendo amables y sinceros.

Cuando surjan este tipo de situaciones, no caigas en la tentación de entrar en una discusión acalorada; si esto sucede, es mejor cambiar de tema, elige un tema en donde exista afinidad y armonía.

LOS AMIGOS BURLONES

Seamos prudentes para elegir a nuestros amigos, mayormente a nuestros amigos íntimos. La palabra de Dios nos ordena a amar a todos (incluyendo a los enemigos); sin embargo, no nos impone ser amigos íntimos de personas que no comparten nuestros valores cristianos ni son personas de integridad; más bien, al contrario, nos exhorta a ser sabios a la hora de elegir nuestras amistades.

No obstante, se da el caso de que nuestros amigos podrían tener *otros* amigos, y que al juntarse todos, exista una persona burlona. En la Biblia (RV1960) se menciona a estos como *escarnecedores*, en la NVI se les llama *burladores*. Estas son personas que les gusta hacer bromas de los demás. En estos casos debemos ser prudentes y «medir» a las personas. Esto significa que, dada la situación, debes saber cómo cierta persona reaccionará.

A manera de ejemplo, un «amigo» siempre estaba bromeando, usando para ello los defectos, palabras, acciones, apariencia física, etc., de otras personas. Esta era su manera de «pasarla bien»: hacer burla de los demás; a estos criticaba crudamente, provocando risas burlonas en el grupo. Hasta que en una ocasión alguien se atrevió a criticar negativamente a esa persona; él entonces, muy ofendido, atacó a quien lo expuso. He aquí una lección: hay quienes siempre se burlan de los demás, los critican y hablan a sus espaldas, pero cuando ellos reciben un comentario negativo, se ofenden y groseramente atacan a quien los criticó. El consejo en tal caso es este: primeramente, habla con esa persona, puedes decirle algo así como: «A ti te gusta hacer bromas de los demás, pero a ti no te gusta que alguien haga eso contigo, ¿por qué?... o si te llevas... ¡aguántate!».

La regla de oro dice (parafraseado): «Trata a los demás como te gustaría que a ti te trataran» (Mateo 7:12; Lucas 6:31). Ahora bien, si luego de que le has dicho a esa persona que cambie su actitud no quiere cambiar su proceder, lo recomendable es distanciarse de ella, alejarte de ese ambiente y buscar otro en donde te sientas más cómodo. La mayoría de las personas que se burlan de otras tienen problemas internos sin resolver. Son personas envidiosas que se molestan con aquellas que han alcanzado o están alcanzado aquello que ellos no pudieron.

A otras simplemente les gusta sentirse que lideran (o manipulan) el grupo, y si tú le haces ver que tú no toleras que él o ella haga bromas de ti, te dejará en paz: has impuesto tu demanda de respeto. En todo tiempo debes de ser valiente y no tolerar discriminación ni injusticias. No obstante, hay también situaciones en donde no puedes alejarte, y que hay quienes se burlen de ti por causa de tu fe. Si este último es el caso, recuerda que es siempre un privilegio padecer persecución por causa de tu fe en Cristo Jesús (Mateo 5:11-12).

TEN CUIDADO CUANDO SELECCIONES TUS AMISTADES

Es muy bonito tener tiempos de esparcimiento con las amistades. Son momentos memorables, de gratos recuerdos, momentos de alegría y compañerismo, y es natural que todos queramos tener buenos amigos. Sin embargo, conseguir buenos amigos no es nada fácil.

Cuando una persona nueva entra a la iglesia, debemos darle la bienvenida y recibirle; pero debemos ser cautelosos en ciertos aspectos, hasta conocerlo(a) mejor. Muchos piensan que alguien que asiste a la iglesia ya es *cristiano*, eso es falso; incluso hay quienes han asistido por mucho tiempo y son bien conocidos, pero no mantienen una conducta cristiana, estas personas suelen ser muy dañinas.

Debes cerciorarte de elegir amistades de entre aquellos que te inspiren a amar al Señor y a servirle de todo corazón. Debe ser una persona con la que tú puedas compartir momentos de gozo, pero también una que pueda auxiliarte en situaciones difíciles. Los amigos bien seleccionados son una gran bendición en esta vida. Son un regalo del cielo, y por ellos podemos pedir a Dios en oración.

IMPÓN LÍMITES CUANDO ESTÉS CON LOS AMIGOS

La etiqueta y los buenos modales parecen arrollarse cuando algunos están con los amigos. En sociedad se comportan de un modo y con los amigos de otro. En las situaciones formales muestran un comportamiento intachable, y cumplen con todas las normas de etiqueta, pero cuando están con los amigos pierden todo tipo de compostura. Es bueno que estés relajado cuando estás con los amigos, pero recuerda que los buenos modales no son tan solo reglas rígidas que tienes que cumplir por obligación cuando estás en situaciones formales, no. Las reglas de etiqueta y buenos modales están diseñadas por la humanidad y por Dios mismo para que los seres humanos tengamos una convivencia armoniosa, y nos sintamos bien unos con otros; por tanto, continúa cumpliéndolas cuando estés con los amigos; que bello es cuando las buenas costumbres son parte de ti en todo momento, y estés con quien estés.

Así que, si las personas con la que estás compartiendo se empiezan a salir de los límites, no consientas. Hay ocasiones cuando en el grupo hay algún amigo muy carismático, el cual propicia un ambiente alegre, de risas y bromas; sin embargo, ten precaución, y no te salgas de los límites éticos y morales cristianos. Recuerda que tú no eres quien se burla de los demás ni quien chismea, mucho menos eres quien se goza con chistes impuros o que habla de sexo. Si este ambiente se llega a generar, abandona el grupo de inmediato. Recuerda también que hay conversaciones que, aunque no llegan a los extremos antes mencionados, son conversaciones que no edifican, sino que hacen daño. Sé cauto, pues estas personas carismáticas tienden a ser líderes y si estas tienen malas intenciones o un carácter corrupto, pueden causarte grandes males.

EL TRATO CON LAS PERSONAS QUE NO DESEAS TENER COMO AMIGOS

En cuanto a las personas con las que *no* deseas tener amistad, esto no significa que no las amas, o que las odies. Simplemente significa que no deseas compartir tu vida con ellas porque estas personas no van contigo, no comparten tus mismos intereses, y podrían ser una influencia negativa para ti. No obstante, es necesario mostrar siempre un trato cordial y amable para con todos y estar atento a las oportunidades que tengas para compartir de Cristo.

En ocasiones será mejor aplicar el dicho: «Es mejor solo que mal acompañado». Podría haber ambientes que no son propicios para un cristiano, y en donde nadie es un buen candidato para ser tu amigo o amiga. Ora a Dios que el Señor salve a tus compañeros de escuela o de trabajo para que puedas tener algún amigo confiable allí. Pues de otra manera, tu trato con ellos deberá ser solo el de un compañero(a). Recuerda lo que dicen las Escrituras: «No se dejen engañar: Las malas compañías corrompen las buenas costumbres» (1 Corintios 15:33 NVI)

La Biblia nos dice: «Mirad cuán bueno y cuán delicioso es habitar los hermanos juntos en armonía» (Salmo 133:1). En verdad es muy hermoso compartir tiempo con los amigos y esto se disfruta mucho. No obstante, cuando las cosas se ponen difíciles y se compromete tu fe o tus principios cristianos, es mejor perder una amistad o un grupo de amigos que tu relación con Cristo. Muchos de nosotros hemos tenido que renunciar a amistades que eran nocivas para nuestra vida espiritual y nuestra relación con el Señor Jesús.

Recuerda que el trato con las personas es una de las cosas más complicadas que existen, y que en la vida tendrás personas con las que podrás contar como amigos de por vida, mientras que otras serán tus enemigos sin ninguna razón. De nuestra parte, nuestra encomienda es amar a nuestro prójimo como a nosotros mismos; y aplicar la regla de oro en toda circunstancia. Aprende a conocer a las personas individualmente, la experiencia que tengas con una persona —aun en circunstancias similares— podrá ser muy diferente a la tengas con otra, porque cada persona es distinta; por tanto, procura no tener prejuicios ni juzgar a nadie antes de conocerla bien. Para todo ello, pide a Dios en oración la sabiduría y la gracia necesarias.

CAPÍTULO X

EL TRATO CON LOS PERSONAS DEL SEXO OPUESTO

Tenemos en el mundo una diversidad de culturas y cada cultura tiene sus propias particularidades. Entendemos por *cultura* la colección de pensamientos, valores, gustos y tradiciones de un grupo de personas. Indudablemente en un país existen diversidad de culturas. Los habitantes de un país seguramente comparten muchas cosas en común; sin embargo, dentro de este existe un mosaico cultural que depende de la región, estado, ciudad (y aún del área de que se trate dentro de la ciudad). Asimismo, existen diferentes culturas en una misma iglesia, pero la iglesia misma tiene su propia cultura. Incluso, cada familia tiene su cultura, sus propios gustos y tradiciones, su forma particular de pensar, de sentir y de actuar, rasgos que le distinguen de otras familias. Y yendo todavía más a detalle, dentro de una misma familia existen diferencias entre los miembros integrantes, y estas diferencias deben respetarse y aceptarse a fin de vivir en armonía (en el entendido de que los padres han sido puestos por Dios para enseñar a los hijos, a fin de que exista en la familia una *cultura cristiana*).

Esto quiere decir que el trato de los hombres hacia las mujeres varía de cultura a cultura; de iglesia a iglesia; de familia a familia; hasta llegar el punto en que cada persona es individual y tiene sus propias reglas. Cada persona es libre para abrigar sus propias ideas; sin embargo, existe reglas comunes entre los seres humanos para que podamos convivir con naturalidad y con armonía. Debemos todos coincidir en las pautas generales, porque haciendo esto, lograremos encajar prácticamente en todas las culturas del mundo, y seremos bien aceptados. Asimismo, debemos seguir las reglas de etiqueta particulares que existan en cada lugar, a fin de no ofender a nadie.

EL SALUDO

Sin lugar a dudas todas las personas en el mundo se saludan de algún modo. En la cultura occidental el saludo de mano es lo más común, y este saludo se realiza entre hombres y mujeres por igual. El saludo no solo es una señal de cortesía y respeto sino también una muestra de apertura y amistad. El saludo es la aproximación física que tenemos para con los demás y puede decir mucho de tu persona.

Se saluda con la mano derecha (aunque en casos especiales esto puede no ser posible), con el dedo pulgar en un ángulo aproximado de 30 grados. Dependiendo del sexo debes apretar la mano: cuando se trata de hombre a hombre el apretón de manos es ligeramente más vigoroso que el que se da a una mujer. Cuando se trata del apretón de manos a una mujer este debe ser con más gentileza, sin dejar de ser firme. Las mujeres deben también saludar con firmeza. En el pasado se aconsejaba a las mujeres saludar muy suavemente, pero esto ya no es aplicable en nuestros días. Nunca debes apretar demasiado fuerte (independientemente del sexo), pues esto es molesto para la otra persona.

EL BESO

Se acostumbra en muchas culturas un saludo que consiste en juntar las mejillas de quienes se saludan sin que intervengan los labios y sin que exista sonido alguno. En Estados Unidos este saludo se hace una vez por encuentro (con las mejillas derechas), mientras que en Inglaterra se acostumbran *dos toques de mejillas* (uno para la derecha y otro para la izquierda); en países como Suiza, este tipo de saludo puede ser una vez en la mejilla derecha, otra vez en la izquierda y una tercera de nuevo con la derecha (*tres toques de mejillas* por encuentro). Este es un saludo que se practica indistintamente entre hombres y mujeres, pero es importante que se realice de la manera correcta.

En el caso de la familia inmediata este saludo se convierte en un beso real, por ejemplo, los padres besan en la mejilla a los hijos y los hijos besan a los padres (esto es aún más común cuando los niños están pequeños).

EL ABRAZO

Algo parecido al beso real, el abrazo debe reservarse solo para la familia inmediata o para los amigos más cercanos. Ocasionalmente también se practica en la iglesia, pero debe de practicarse con ciertas reservas.

Los hombres deben de practicar el abrazo (fuera de la familia cercana) con delicadeza, especialmente con las mujeres. El abrazo de un hombre hacia una mujer debe de hacerse casi sin tocarla, muy suavemente, usando únicamente el brazo derecho; y si se usan ambos, uno de ellos casi no toca a la otra persona. El abrazo hacia la mujer debe ser algo sumamente breve, exceptuando el caso de los funerales, en donde hombres con hombres y mujeres con mujeres (tratándose de familiares y amigos cercanos) puede abrazarse más prolongadamente.

EL TRATO CON EL SEXO OPUESTO EN LOS NEGOCIOS

Como ya lo he estado mencionando, el trato de una mujer casada con un hombre casado debe ser un trato muy respetuoso. En realidad, no debe existir ningún asunto entre ellos y preferentemente todo debería manejarse entre los hombres de ambas parejas, o bien, de esposa a esposa. No obstante, cuando se trata de asuntos de negocios, el trato entre ellos es necesario. En tales casos, se debe de hablar de los negocios, y evitar cercanías innecesarias. El hombre debe de mostrar cortesía, pero abstenerse de cualquier palabra o hecho que invite a la familiaridad. Asimismo, debe ser cauteloso y consciente de las palabras que dice, evitar los piropos y circunscribir sus halagos a los cumplidos justos. Las conversaciones deben ser solo las necesarias y en los tiempos apropiados. El cristiano debe pedir al Señor que le ayude a ser prudente; y la mujer debe de evitar mostrar cualquier señal de apertura que dé lugar a una mala interpretación. En muchas ocasiones, el saludo es solo de mano; y fuera de eso se debe evitar todo tipo de contacto físico. El hombre debe tener cuidado con sus miradas; debe, como Job, hacer pacto con sus ojos (Job 31:1), y tanto hombres como mujeres deben hacer huir de inmediato cualquier pensamiento fantasioso. La fantasía en la mente es la semilla de todos los pecados. Jesús dijo: «Porque del corazón salen lo malos pensamientos, los homicidios, los adulterios, las fornicaciones, los hurtos, los falsos testimonios, las blasfemias» (Mateo 15:19).

Es importante que el varón cristiano ore constantemente y se llene del Espíritu Santo y del conocimiento de la Palabra de Dios para evitar ser arrastrado por tentaciones que llevan a pecados bastante destructivos. Por otro lado, la mujer virtuosa de Proverbios 31 es descrita como una mujer de negocios. Dice que ella «Considera la heredad, y la compra, Y planta viña del fruto de sus manos» (v.16), «Ve que van bien sus negocios» (v.18). «Abre su boca con sabiduría» (v.26). Esto habla de una mujer que sabe hacer negocios; que compra inteligentemente, que maneja recursos y toma decisiones con prudencia. No obstante, inspira confianza a su marido con sus acciones y palabras, por ello «El corazón de su marido está en ella confiado» (v. 11); pues «le da ella bien y no mal Todos los días de su vida» (v. 12). Esto quiere decir que esta mujer virtuosa jamás entra en tratos distintos con los hombres fuera de los negocios que habrán de traer un beneficio económico, y honor a su familia. Es por eso que «Se levantan sus hijos y la llaman bienaventurada; Y su marido también la alaba» (v.28). Tanto sus hijos como su marido han observado su comportamiento casto y respetuoso. Ella tiene respeto a su marido tanto en público como privado; cuando su marido está presente, pero también cuando está ausente. Por tanto, ella goza de buena reputación, y esto, en primer lugar, con su familia.

LOS ADOLESCENTES

Los niños, por lo general, son muy sinceros, inhibidos y receptivos. Los pequeñuelos, los de menos de seis o siete años, no comprenden muchas cosas y tienden a seguir las instrucciones que los adultos en autoridad les dan. Sin embargo, cuando el niño ha entrado en la adolescencia, es decir, a partir de los 12 años, su actitud hacia los adultos empieza a cambiar radicalmente. Estos son más propensos a extralimitarse por su inmadurez y a decir comentarios ofensivos que les causan problemas. Asimismo, muchos de los adolescentes no son capaces de medir las consecuencias de sus actos y ellos requieren la dirección de los adultos, adultos que sean capaces de guiarlos para que modelen un buen comportamiento.

CAPÍTULO X | EL TRATO CON LOS PERSONAS DEL SEXO OPUESTO

La pubertad es la etapa de la adolescencia en donde se producen los cambios que irán preparando a una persona para la edad adulta, y estos cambios incluyen lo que respecto al sexo. En esta etapa los jovencitos empiezan a tener sus primeros impulsos, mayormente hacia las jovencitas de su edad o mayores. Esta es una etapa en la que los adultos deben poner especial atención a fin de que el joven no incurra en prácticas nocivas que terminen por destruir su sexualidad y les traigan luego gravísimas consecuencias. Se aconseja la lectura de libros cristianos en donde se dan consejos útiles propios de su edad.

Esta también es una etapa preciosa en la vida. Una etapa en la que todo es diversión y alegría, donde el cuerpo está en la plenitud de sus facultades y se pueden hacer muchas actividades físicas. Así es que esta etapa es ideal para que el jovencito se dedique a actividades positivas tales como tocar un instrumento musical, los deportes y la lectura de libros cristianos y de buen contenido, etc. También recomiendo que se inscriba en clubes, dependiendo de sus preferencias y posibilidades; también puede pertenecer a un grupo musical, teatral, de excursionismo, un equipo deportivo, etc. Cuando un adolescente se dedica al estudio y a las actividades físicas como un deporte, mantendrá su mente ocupada. Es sumamente peligroso que un adolescente esté sin hacer nada, es decir, que sea ocioso, pues esta ociosidad le puede hacer caer en tentaciones destructivas. Por cierto, la ociosidad no es buena para nadie.

Los adolescentes deben tener personas buenas que sean de influencia en su vida. Es muy recomendable que cuenten con el consejo de adultos mayores confiables, que tengan una alta ética y moralidad, como un pastor, un diácono o alguien de buen carácter moral. La Biblia aconseja que las mujeres mayores instruyan a las jóvenes (Tito 2:3), pero siempre contando con una muy buena comunicación con los padres, quienes deben saber todo lo que el joven está haciendo y con quien está hablando y qué es lo que está hablando con ellos.

La edad más difícil en la vida de los jóvenes es entre los 13 y los 19 años, pues en esa edad ellos carecen de la madurez necesaria para tomar buenas decisiones (sobre todo los varones). Y digo que sobre todo los varones porque en esa edad ellos sienten una gran atracción por el sexo opuesto; las hormonas ejercen una gran influencia en estos jóvenes y estos quieren experimentar «lo prohibido». En esta edad —sobre todo—, muchos jovencitos crean ilusiones en sus mentes, piensan fantasías, se crean una imagen ficticia de una persona, y esta llega a convertirse «en la chica perfecta, la chica ideal», cuando ni siquiera conocen a esa persona, e incluso, esta pueda llegar al punto de convertirse para ellos en una obsesión. Durante esta etapa se recomienda a los padres que ayuden a sus hijos con mucha consejería, y que pidan el apoyo de los consejeros que estén disponibles en la iglesia, los cuales tenga la gracia y la sabiduría para guiar a los jóvenes por el camino correcto, y que les provean actividades sanas para combatir las tentaciones.

TRATO ENTRE LOS JÓVENES

La atracción entre hombres y mujeres es algo normal y correcto, pero esta atracción debe estar dentro del marco de la voluntad de Dios; es decir, de la conducta de pureza. Los jóvenes cristianos deben aprender a tratar con las chicas cristianas y las chicas cristianas deben aprender a tratar con el sexo opuesto también.

A los jóvenes se les caracteriza por ser personas más alegres y bromistas que otras de más edad. Pero los jóvenes cristianos deben saber que las bromas que hacen con uno de sus amigos jamás deben ser dirigidas por igual a una chica, y el trato que tienen con ellas debe ser respetuoso. Hay jóvenes que no saben medir sus bromas, pero si tú quieres gozar del respeto de los demás tú debes respetarlos a ellos también.

Es natural que el joven cristiano llegue a una edad en la que piense en casarse, pero es muy importante, si este es tú caso, que entiendas que el matrimonio no se trata solo de tener sexo (como Hollywood ha predicado siempre); incluso la parte del sexo es una parte muy pequeña del tiempo que tú dedicarás a tu esposo o esposa en el futuro. El principio más importante es que Dios desea que tú tengas una pareja idónea, y que debes pensar que lo más importante será que te unas a una chica o chico con quien juntos puedan adorar y servir a Dios de todo corazón.

Hay jóvenes que tienen cierta edad y están desesperados por casarse; espero este no sea tu caso, pero si lo es, debes entender que Dios tiene un propósito para ti con la soltería. El propósito de Dios con la soltería es que aprendas a deleitarte tan solo en Él, y que logres tener una vida en santidad, feliz y satisfecha en el Señor. Que aprendas a definir tus dones y talentos, y los propósitos a los que Dios te ha llamado, para que también elijas tu pareja tomando en cuenta eso. Por ejemplo, si Dios te ha llamado a las misiones, lo mejor será que pongas tu mira en un chico/chica que tenga un llamado también a las misiones.

EDAD PARA EMPEZAR A ENCONTRAR PAREJA

La adolescencia es una etapa de inmadurez en general en la que se desaconseja buscar pareja (aunque podrías mantener cierta amistad con la persona que finalmente se convierta en tu esposo/a). Así que, lo mejor será que dejes pasar esta etapa y entonces comiences ese proceso. Mientras tanto, ve pensando cómo habrás de ir construyendo tu hogar, adquiriendo sabiduría con la Palabra de Dios y ahorrando tanto como te sea posible. El varón debe buscar una chica cristiana, prudente, con las cualidades de Cristo; la chica cristiana debe pensar en un varón de carácter probado (Proverbios 20:6-7), de integridad, un buen cristiano. Es muy importante que ambos no involucren los sentimientos al estarse conociendo, ni pensar más allá de la amistad. Solo observa. Observa y ora. Observa especialmente cuáles son las reacciones, palabras y acciones del candidato(a) en tiempos de pruebas y en tiempos de abundancia; en tiempos de alegría, pero también en tiempos de tensión.

Ten mucho cuidado, porque puedes enamorarte del aspecto físico o de la personalidad de un chico(a) pero con quien vas a vivir toda la vida es con el carácter de esa persona, por tanto, por favor, no te apresures.

LA DECISIÓN DEL MATRIMONIO

Los jóvenes en edad de contraer un compromiso matrimonial deben de entender que la madurez es un requisito, pues el matrimonio no es un acto temerario ni debe ser obligado, sino uno con plena conciencia, y se debe efectuar cuando las personas (tanto el hombre como la mujer) estén listos para ello. Me refiero a que para entonces ambos tengan un plan de vida, una carrera, negocio o un trabajo que provea para las necesidades materiales.

Una muchacha cristiana debe tener cuidado de que la persona con la que se está involucrando sea un buen cristiano; que no sea un hombre cínico que ande solo «probando» a las muchachas; que su palabra sea seria y de compromiso. La chica cristiana debe de tomar una decision de noviazgo con mucha oración, con la aprobación de ambos padres, y de ser posible, con la aprobación de los directivos de la iglesia.

Recomiendo que antes de entrar en el compromiso matrimonial, juntos hagan un proyecto de vida. No existe una edad específica, pues cada quien es diferente, pero podemos decir que los hombres de entre 22 a 26 años ya pueden iniciar su compromiso, y las mujeres después de los 20. En cuanto a la diferencia de edad de ambos contrayentes no existe una regla estricta; sin embargo, yo recomiendo que las edades no sean demasiado diferentes, es decir, que no se lleven muchos años de diferencia, pues con el tiempo puede haber problemas. Todo debe efectuarse con la dirección de Dios y del Espíritu Santo.

LOS SOLTERONES

En cuanto a aquellos (tanto hombres como mujeres) que tienen edad madura, pero aún son jóvenes (de entre 25 a 35 años) deben tener mucho cuidado en su trato con las personas, pero mayormente con las de sexo diferente. Estos deben tomar una decisión correcta e involucrarse con el chico(a) cristiano(a) con quien realmente sean compatibles. Existen muchos casos de jóvenes que han visto el matrimonio de todos sus amigos o amigas de su edad y el diablo los atribula diciéndoles que ya nunca se casarán y serán infelices. En primer lugar, la felicidad no consiste en si te casas o no, sino en vivir una vida útil y en la perfecta voluntad de Dios; en segundo lugar, es mejor esperar que tomar una decisión apresurada que después desencadene muchos dolores y lágrimas. Por lo tanto, estos jóvenes deben redoblar sus precauciones y pensar con sensatez en una decisión tan importante como lo es el matrimonio.

Ahora bien, en cuanto a los casados, debo mencionar que tristemente se dan muchos casos (mayormente en el caso de los hombres casados) que caen en la tentación de la inmoralidad sexual cuando se ven tentados por chicas menores; mayormente cuando estas se ven atraídas por él debido a su posición o prosperidad económica, etc. Por tanto, es siempre aconsejable evitar situaciones de tentación (lugares en donde puedan quedarse solos, p. ej.), e incluso, cuando ambos estén actuando con sencillez y sin malicia, es mejor no dar lugar a malas interpretaciones.

Se consideran maduras a las personas que tienen edades entre 35 y 50 años, pues la mayoría de ellas ya tienen una visión de la vida diferente a la que tuvieron cuando estaban más jóvenes; no obstante, aun así, ellos deben ser muy conscientes y respetuosos en la forma de tratar a la gente, mayormente al tratar con aquellos del sexo opuesto.

DIFERENCIA ENTRE PIROPO Y ACOSO

Termino este capítulo haciendo una advertencia seria respecto a la diferencia entre un piropo y un acoso. El cristiano de buenos modales es una persona que muestra respeto y buen trato para todas las personas. En primer lugar, debemos entender que todas las personas son distintas y debemos respetar su forma de ser. Es verdad también que en nuestra sociedad existen muchos casos de abusos y de malformación en la niñez, problemas psicológicos y problemas espirituales, todo esto existe y es una realidad.

En nuestras sociedades es común que existan personas bien intencionadas a quienes les agrada lanzar elogios y piropos hacia los demás con el único fin de hacerles sentir bien. Incluso yo, como maestro, he elogiado los logros de mis alumnos, diciéndoseles desde un *¡lo hiciste muy bien!*, hasta un *¡te ves muy bien hoy!* Los piropos son comunes mayormente tratándose de un muchacho soltero que trata de agradar a una chica también soltera. No obstante, debemos ser cautelosos al expresar elogios y piropos, pues hay quienes los reciben de buen modo, y otros a quienes les puede parecer una ofensa. Las mujeres en general son más sensibles a los elogios, y algunas podrían no aceptarlos; incluso para algunas aun las miradas y las sonrisas hacia su persona podrían parecerles mal y consideran al emisor de tales cosas como una persona de mala educación.

Todos tenemos diferentes personalidades. Hay quienes son más abiertos a conversar y tienen un don especial para introducirse y entrar en confianza. Por ejemplo, hay quienes son vendedores innatos, tienen facilidad de palabra, y teniendo un gran sentido del humor, logran introducirse hábilmente con los demás. Sin embargo, por otro lado, hay otros que son introvertidos, prefieren guardar silencio y son tímidos para iniciar conversaciones.

Así mismo, hay quienes tienen facilidad para expresar piropos y elogios sin causar incomodidad. Pero otros no tienen ese don. Se debe ser muy perceptivo en cuanto a esto, tanto el que emite como el que recibe deben tener afinidad, y el emisor (quien se aventura a expresar el piropo), debe detectar de inmediato si su piropo es bien recibido o si, por el contrario, es causa de incomodidad. Para ello, basta con observar el lenguaje no verbal de quien ha recibido el piropo y ver si hay alguna muestra de rechazo. Si esto es así, el emisor se debe de disculpar de inmediato, prometer no volverlo a hacer y cambiar su actitud en ese mismo instante para con la otra persona: su actitud debe ser más respetuosa, consciente de que no todas las personas aceptarán un cumplido.

El acoso sexual se define (en los EE.UU.) como cualquier aproximación que no es bienvenida (*any unwelcome aproach*). Esta frase, desde luego, da lugar a muchas interpretaciones, y un acoso para una persona podría significar, un simple saludo, o incluso un «buenos días». Si bien se podría exagerar en la interpretación, el significado de *acoso* está prácticamente en lo que la otra persona entiende como *acoso*, por lo que es necesario tener mucha precaución, pues se podría tornar en algo muy peligroso para quien con buena intención lanza un cumplido o piropo. Así que, recomiendo a las mujeres a que sean directas y firmes cuando alguien se les aproxime, y le expresen a él (o incluso a ella) directamente cualquier cosa que les moleste; y al que recibe el mensaje recomiendo que inmediatamente cambie su actitud, sin tomar represalias contra esa persona por su negativa; simplemente, lo que debe hacer es dejar de hacer lo que a la otra persona le molesta. Ahora, si por cuestiones de fuerza mayor (como en el caso de una relación laboral) se necesita tener interacción con esa persona, la relación debe ser distante (hablarle de *usted* en lugar de *tú*, p. ej.), y tratar con ella tan solo lo estrictamente necesario.

CAPÍTULO XI

REGLAS DE ETIQUETA AL TOMAR LOS ALIMENTOS

Hasta hace algunas décadas, el seno familiar solía ser el lugar en donde se aprendían la etiqueta y los buenos modales. Cada día la familia se reunía una o dos veces para participar de los alimentos, y era sobre la mesa que compartían sus alegrías y problemas; los niños decían cómo les iba en la escuela, y luego, al estar en la universidad, lo mismo; y los padres les enseñaban normas morales y principios de la Palabra de Dios al estar comiendo.

No obstante, este tiempo de ensueño pasó a la historia en muchas familias con la inserción de las mujeres en el mercado laboral. La vida se hizo más compleja, y ya no existe más este encuentro, si acaso una vez por semana, según la agenda de los padres, a veces un domingo o un lunes por la noche u otro día. Con todo, aun considerando los tremendos cambios que ha sufrido nuestra sociedad, es muy saludable esforzarse por poner la mesa, aunque no sea a diario. Un día por semana los padres deberían hacer que todo esté en su lugar: los platillos, los cubiertos, las jarras, las servilletas de tela, el mantel, etc. Esto hará que se forme un ambiente deseable y un estándar a ser alcanzado. El comportamiento de una persona a la hora de comer dice mucho respecto a su buena educación, y el saber comportarse adecuadamente le puede abrir muchas puertas.

LA ALEGRÍA DE TOMAR JUNTOS LOS ALIMENTOS

La hora de comer, ya sea el desayuno, el almuerzo (cerca del mediodía), la merienda o la cena son oportunidades para disfrutar de los alimentos que Dios ha provisto y de una buena compañía. Cada persona tiene sus gustos particulares al ingerir alimentos y esto en sí es uno de los buenos placeres de la vida; sin embargo, lo más importante es la compañía que tengamos al participar de ellos.

Es también una magnífica oportunidad para agradecer a Dios por los alimentos que están delante de nosotros, por las manos que los prepararon y por la provisión económica de Dios. La Palabra de Dios nos ordena a dar gracias por los alimentos. 1 Timoteo 4:4 dice: «Porque todo lo que Dios creó es bueno, y nada es de desecharse, si se toma con acción de gracias». También sigue diciendo: «porque por la palabra de Dios y por la oración es santificado». Hoy en día muchos alimentos podrían estar contaminados con químicos que con el tiempo pueden ser causa de enfermedades; sin embargo, nosotros oramos que el Señor santifique los alimentos que ingerimos y los tomamos en el nombre de Jesús.

Cada vez que tomamos nuestros alimentos debemos alegrarnos. Dedicar para ello un tiempo razonable, no con apuros ni con prisa. Concentrados en la(s) personas con las que participamos de ellos, y sumergidos en una amena conversación. Es por ello muy importante no tener ninguna otra distracción y comer con tranquilidad. No se deben contestar llamadas durante el tiempo en que comemos ni ver televisión, ni la computadora ni el teléfono celular ni cualquier otro dispositivo, pues es de muy mal gusto y mala educación no concentrarnos en la conversación de aquel/aquella o aquellos con los que estamos comiendo.

Diré de paso lo que todos sabemos: no se debe hablar con la boca llena, nuestro espacio y todos los elementos deben estar escrupulosamente limpios, se debe colocar la mano derecha en posición de puño al eructar (tocando ligeramente los labios con el dedo índice).

Nuestra conversación siempre debe ser positiva y mostrar buenos modales al comer, y si es posible, con un buen sentido del humor. Una de las cosas más buenas de la vida es tener una buena comida y reír juntos; tal y como lo dice la Escritura de los primeros cristianos: «comían juntos con alegría y sencillez de corazón» (Hechos 2:46). Por tanto, el tiempo de la comida nunca es para hablar de problemas ni para angustiarnos por nada; mucho menos para reñir ni para mencionar cosas negativas; antes bien para todo lo que agrade a quien o quienes están comiendo con nosotros. La comida en familia y en armonía es algo maravillo, por eso también la Biblia dice: «¡Mirad cuán bueno y cuán delicioso es Habitar los hermanos juntos en armonía!» (Salmos 133:1). Jamás permitamos que nada estropee este tiempo tan especial. En la conversación debemos dar lugar a los demás para hablar y no acaparar la conversación, siempre considerados con ellos; y no hacer bromas inconvenientes.

Lo ideal sería que en la familia cercana todos nos reuniéramos para participar de los alimentos por la mañana, tarde y noche; sin embargo, esto, debido a la vida agitada de nuestros días, es casi imposible. No obstante, al menos se debería procurar que la familia se junte para comer a la hora de la cena.

Los fines de semana algunas familias acostumbran juntarse a comer con amigos, preparar una cena, disfrutar de los alimentos y de una charla amena. Preparan juntos una carne asada, después tocar la guitarra y cantar juntos. Esto estrechará los vínculos familiares y de amistad, además de crear bellísimos recuerdos.

LA SERVILLETA

Al comer debes de conversar de cosas puras y mantener fija tu mirada en los ojos de tu compañía, pero con naturalidad. Deberás sentarte manteniendo en posición recta la espalda, y lo suficientemente cerca del plato y de la mesa. Lo primero que debes hacer cuando te sientas a la mesa es brindar una sonrisa a tu acompañante y mostrar un rostro de quietud y buen gusto. Toma la servilleta y ponla sobre tu regazo. Desdóblala debajo de la mesa, luego dóblala por la mitad para formar un rectángulo y colocándola con la abertura orientada hacia las rodillas.

La servilleta de tela no se debe usar como delantal ni como babero. Tampoco se debe usar como pañuelo ni como toallita refrescante de la frente. Esta servilleta no se usa para limpiar nada más que la comisura de la boca y los labios cuando estamos comiendo. Esto quiere decir, que no se debe usar para limpiase las manos o los cubiertos ni ninguna otra cosa. Cuando la necesites, llévala doblada como está a tu boca. Si necesitas levantarte de la mesa por alguna razón (preferentemente no), debes dejar la servilleta sobre la silla o bien, al lado derecho del plato. Esto por cierto una señal de que regresarás a la mesa. Al terminar esta servilleta de tela se coloca al lado izquierdo sin doblar, pero no en completo desorden.

LA DISPOSICIÓN DE LOS CUBIERTOS

Debemos saber de antemano los platillos de los que participaremos. Si por ejemplo tendremos unos patés como entremés, se colocará un tenedor y un cuchillo chicos (similares a los del postre), y unos grandes para el platillo principal (p. ej. carne de res o pollo). Si se trata de un pescado, se colocará un tenedor y pala de pescado. La pala de pescado, por cierto, no es para cortar el pescado, sino para retirar las espinas y la piel del pescado cuando está entero. Si se trata de un pescado ya fileteado, la pala de pescado se utiliza solo como punto de apoyo para el tenedor.

Los cuchillos y cucharas de colocan al lado derecho del comensal y los tenedores al lado izquierdo. Cuando se han empezado a usar los cubiertos no los coloques nuevamente sobre el mantel sino sobre el plato. Ten cuidado de no esgrimir los cubiertos mientras conversas, y los cubiertos más alejados del plato son los que se utilizan primero.

LA FORMA CORRECTA DE USAR LOS CUBIERTOS

Deberás cortar la carne sosteniendo el cuchillo con la mano derecha (si eres zurdo, todo lo que se diga aquí de la mano derecha lo harás con la izquierda, y lo de la izquierda con la derecha). Utiliza el dedo índice para presionar los cubiertos y los dedos pulgar y medio para sostenerlos.

Recuerda que tus codos deben estar relajados, fuera de la mesa con los antebrazos sostenidos ligeramente en ella. Toma un bocado a la vez y luego conversar; luego de cada bocado debes colocar los cubiertos en forma de V invertida completamente sobre el plato (sin tocar el mantel). No te quedes con los cubiertos en la mano mientras conversas. Si de pronto tienes que contestar una pregunta en el preciso momento en que estás llevando un bocado a la boca, apoya el tenedor en el plato y contéstala antes, luego lo llevarás a la boca. Cuando cortes carne, no cortes el pedazo de carne (p. ej. un filete de solomillo [en inglés, *sirloin*]) por la mitad, empieza por los extremos. Cuando cortes pasta, con un corte suave bastará; corta solo un bocado a la vez, y dos como excepción, pero no más.

En el estilo americano, luego de que cortas un bocado se cambia el tenedor a la mano derecha colocando en el plato el cuchillo como si fuese la manecilla de un reloj, y los cubiertos se toman como quien sostiene un lápiz. En el método americano siempre el tenedor se sostiene con la mano derecha cuando el plato no contiene algo que necesita ser cortado.

Si estás esperando que llegue el platillo no permitas que los niños jueguen con los cubiertos. La posición correcta de los cubiertos cuando los colocas sobre el plato es esta: los dientes del tenedor deberán estar sobre la hoja del cuchillo y el filo del cuchillo apuntar hacia el centro del plato. Esta también es una posición que indica que deseas repetir el platillo.

Si ya has terminado de comer debes dejar los cubiertos juntos en una posición tal como si indicara que son las 5:50 o las 6:00 (imaginando que el plato es un reloj), el tenedor queda del lado izquierdo con los dientes hacia arriba y el filo del cuchillo hacia el centro del plato; ambos cubiertos paralelos.

EL CUCHILLO

Como ya indiqué arriba, el cuchillo se toma con la mano derecha. El mango del cuchillo debe apoyarse en la palma de la mano, y el índice (que es el que presiona), no debe llegar a tocar la hoja del cuchillo. En cuanto a los otros tres dedos que restan, se dejan apoyados en el lado opuesto al pulgar.

LA CUCHARA

En cuanto a la cuchara se toma con la mano derecha, por la parte extrema del mango entre el dedo índice y el pulgar y se apoya ligeramente entre el índice y el dedo medio, los cuales deben estar levemente cerrados hacia la mano. El protocolo español dice que la cuchara debe entrar en la boca de punta, mientras que el inglés dice que de lado. Sea uno u otro, la cuchara no debe tocar los dientes, ni morderse.

EL TENEDOR

El tenedor puede usarse con las dos manos. Cuando se usa con la mano izquierda, el tenedor siempre debe estar con los dientes hacia abajo (normalmente usándolo en conjunto con el cuchillo). Cuando se usa con el cuchillo, se usa como punto de apoyo para cortar, para luego llevar los pedazos uno a uno con el tenedor usando la mano izquierda. Sin embargo, también se puede cortar uno o dos pedazos y luego pasar el tenedor a la mano derecha y recoger los pedazos (de uno en uno o de dos en dos), llevándolos a la boca (en esta opción el tenedor puede tener los dientes hacia arriba).

Cuando el tenedor se usa para comer otras comidas —que no necesiten el uso del cuchillo—, el tenedor puede usarse con los dientes hacia arriba sujeto con la mano derecha.

CUBIERTOS DE POSTRE

Estos cubiertos se colocan sobre el plato de postre (un plato pequeño), con el tenedor con el mango orientado a la izquierda y en dirección al plato, y la cuchara hacia el centro de la mesa y con mango orientado a la derecha. Esta posición permitirá tomar con ambas manos el plato de postre con los cubiertos y deslizarlo sobre el mantel cuando llegue el momento de comer el postre.

CÓMO VESTIR LA MESA

Sobre la mesa se coloca primero el muletón. El muletón es una tela (frecuentemente con bordes de elástico para ajustarlo sobre la mesa) confeccionada a la medida de la mesa con un rebase de unos tres o cuatro centímetros (los cuales quedarán debajo de la mesa). El muletón tiene la función de proteger la mesa y amortiguar los sonidos causados por los platos y cubiertos.

Luego sobre el muletón se coloca el mantel. El mantén debe caer unos 60 centímetros desde el borde de la mesa. En las comidas formales el mantel cuelga hasta la mitad de la distancia desde el borde de la mesa hasta el piso. En los salones de banquete el mantel generalmente llega hasta el piso a fin de que no logren verse las patas de la mesa (las cuales podrían no ser muy estéticas). Finalmente se coloca el cubre mantel; este es generalmente más corto y cuadrado.

DISTINTOS PLATOS Y OTROS ELEMENTOS

1. *El plato de sitio o posaplatos*: Este se coloca para decorar la mesa y abajo del plato playo. Suele ser de plata, metal blanco, peltre, acrílico, madera o porcelana. La distancia ideal entre los posaplatos es de 65 centímetros (para dar comodidad al comensal).

2. *Plato playo*: Se coloca (como ya se dijo) sobre el posaplatos (este será el plato principal).

3. *Plato de pan*: Su ubicación es a la izquierda del plato principal alineado con los cubiertos de postre. Este es un plato más pequeño. Recuerda que el pan se debe trozar con las manos y llevar el pedazo resultante a la boca para irlo mordiendo; cada vez que lo muerdas, regresa el trozo al plato. El pan nunca se troza usando el cuchillo ni se lleva la pieza de pan entera a la boca. Ten cuidado con las migajas.

4. *Plato de ensalada*: Este va colocado al lado izquierdo del plato (donde se ubican los tenedores). La ensalada generalmente es una guarnición, por la que no debe pasarse al plato playo (a menos de que sea parte del plato principal).

5. *La servilleta*: Se coloca doblada sobre el plato playo en forma rectangular con un extremo de triángulo (para formar un pentágono) cuya punta se orienta hacia el comensal.

6. *La cuchara de consomé*: Esta es redonda y más pequeña que la cuchara de sopa (la cual es alargada y termina en punta). El consomé se sirve en un plato hondo o bien en unas tazas grandes con asas a los lados. Recuerda que es incorrecto inclinar el plato para tomar hasta la última gota del caldo o sopa.

7. *La sal y pimienta*: Si alguien te pide el salero, deberás proporcionarlo junto con el pimentero (claro, deben existir en juego y sobre una bandejita). Si están separados toma los dos y colócalos cerca del quien te lo solicitó (no directamente a su mano). Recuerda que nunca debes pasar la mano o el brazo por encima del espacio de otro comensal.

CAPÍTULO XII
EL LENGUAJE CORPORAL Y LA COMUNICACIÓN NO VERBAL

La comunicación entre los humanos implica en muchas ocasiones el lenguaje no-verbal, es decir, no siempre se usan palabras para expresar los sentimientos. En esto nos parecemos a los animales, quienes usan también lenguaje no verbal para expresarse. Muchas veces lo que decimos con palabras no es lo mismo que expresamos con nuestro lenguaje corporal; por ejemplo: podemos decir «me gustó mucho la comida», pero al mismo tiempo hacer una mueca de disgusto o rechazo, o no comerla. Con las palabras aprendemos a mentir, y hacemos uso de eufemismos para disimular algo o para dar cierta apariencia; no obstante, nuestro lenguaje corporal podría delatarnos.

Es verdad que debemos tener tacto y elegir las palabras que expresen nuestra verdad o nuestra opinión, y eso es correcto; nuestras palabras deben decirse con la debida sensibilidad y tacto, Jesús nos dice que debemos ser «prudentes como serpientes y sencillos como palomas» (Mateo 10:16). Esto significa que nuestra comunicación debe ser clara, pero expresada con sabiduría, tanto en el lenguaje hablado como en el lenguaje corporal.

En ocasiones se nos presentan situaciones que nos ponen «entre la espada y la pared», es decir, en un aprieto. En lo personal me ha sucedido que, al ir de compras al centro comercial, mi esposa encuentra alguna prenda de vestir y decide probarla. Cuando ya se la puso, ella viene hacia mí y me hace preguntas que se supone yo debo contestar con sinceridad; una de ellas puede ser, por ejemplo, ¿me veo gorda? Desde mi punto de vista, y debido al amor que le tengo, yo la veo bonita y para mí no está gorda, sino si acaso, «llenita»; no obstante, si le digo que no, ella me puede acusar de mentiroso, y esto me incomodaría (pues me haría sentir que no estoy siendo honesto). Pero como nos amamos, con una sonrisa será suficiente, y no llegará a mayores. Esto no es tan sencillo en otras situaciones, por ello, cuando el cristiano se encuentra en situaciones tanto formales como no formales, el lenguaje corporal puede ser tan importante como el lenguaje hablado, ambos deben coincidir y no debes dar la impresión de que lo que dices es falso.

EL LENGUAJE CORPORAL DA MÁS INFORMACIÓN

El lenguaje corporal incluye gestos y movimientos corporales que pueden ser voluntarios o involuntarios, con la cara o con las manos. Con esos movimientos, lo queramos o no, comunicamos algo que no comunicamos con palabras, reafirmamos algo o complementamos algún mensaje que hemos dicho ya, o incluso lo negamos. El lenguaje corporal implica sentimientos y estados de ánimo, pero hablan mucho de nuestros buenos modales y educación.

Muchos de los gestos o signos que utilizamos de manera cotidiana son piezas de comunicación universales, tales como el ademán de victoria, el cual se hace levantando en alto los dedos índice y medio normalmente de la mano derecha, (este es un ademán que se hizo más popular con Winston Churchill en la segunda guerra mundial); o el dedo pulgar apuntando hacia arriba para indicar que todo va bien (que por cierto ya era popular mucho antes de la aparición de Facebook). También el signo de «ок», el cual como sabemos, se hace juntando las yemas de los dedos índice y pulgar (para formar un círculo), manteniendo los otros tres dedos erguidos. Cuando nos encogemos de hombros indicamos que no comprendemos algo; enseñamos los dientes levantando la zona del bigote o bozo estamos mandando con ello una señal de agresividad; movemos la cabeza para afirmar o negar. También fruncimos el ceño como señal desaprobación o de confusión; bostezamos como una señal de cansancio o de aburrimiento. Cuando una persona habla en voz baja esto es señal de nerviosismo. Guiñar el ojo indica complicidad con la otra persona; taparse la nariz indica que a una persona le desagrada el olor que existe en el ambiente, etc.

Sorprendentemente mucha de la comunicación que recibimos de otras personas es mediante el lenguaje corporal. Es difícil mentir con los gestos, mucho más difícil que con las palabras. El cerebro capta mucho más rápido las imágenes que las palabras, por tanto, se pueden interpretar mucho más pronto un gesto y estos ofrecen más información en menos tiempo. Desde que vemos a una persona esta ya está desplegando información: como viste, como se mueve, como mira, sus gestos, todo esto está proporcionando información sin necesidad de que hable una sola palabra.

EL SIGNIFICADO DE ALGUNOS GESTOS COMUNES

Los gestos no siempre proporcionan una información exacta, y tienen que interpretarse según el contexto, sin embargo, en forma general, se pueden interpretar algunos de los siguientes gestos de la siguiente manera:

1. *Tocarse la nariz*: Existen unos sensores cerebrales en la nariz que se activan cuando una persona miente, por lo tanto, tocarse la nariz se asocia con la mentira. El cuento de Pinocho nace de esta asunción.

2. *Tocarse el cuello*: Puede tratarse de una señal de seducción, o bien, una manera de decir que desconfías de la otra persona, que no te convence o que no te interesa el tema.

3. *Apoyar la barbilla sobre la mano*: Si esto se hace mientras el cuerpo se mantiene erguido esto es señal de interés y atención. Si se hace con el cuerpo relajado puede ser una señal de cansancio o de poco interés.

4. *Juntar las yemas de los dedos al hablar*: Se relaciona con la autoconfianza, con la reflexión y la autoestima.

5. *Cruzar los brazos*: Puede tener varios significados. Puede significar simplemente una posición para sentirnos cómodos, pero también para ocultar inseguridad, reducir el estrés o entrar en calor. Sin embargo, cruzar los brazos también es un gesto para tras-

mitir una imagen de poder. En esta última la caja toráxica se hace más grande y robusta. También para interponer una barrera.

6. *Frotarse las manos*: Cuando no es porque una persona tiene frío, expresa preocupación por algo, nerviosismo, o bien, cierto interés el algo que se espera recibir o en las vísperas de un buen negocio.

7. *Entrelazar los dedos*: Este gesto denota muchas veces autoridad. Si observas, una persona en un lugar con los dedos entrelazados es probable que sea una persona de autoridad en ese lugar.

8. *Golpear ligeramente la mesa con las yemas de los dedos*: Esta es una señal de impaciencia. Se puede observar con frecuencia cuando, por ejemplo, alguien está en un restaurante y la comida se demora en llegar.

9. *Ponerse las manos con las manos entrelazadas sujetando la cabeza por detrás:* Es señal de mucha confianza en sí mismo, y algunas veces de un complejo de superioridad.

10. *Poner las manos en posición vertical alzando los brazos:* Es señal de sinceridad, franqueza e inocencia. Este gesto es usado mucho por los políticos y por aquellos que hablan en público.

11. *Caminar con las manos en los bolsillos y con la cabeza gacha*: Esta es señal de que la persona tiene un estado de ánimo decaído o deprimido.

12. *Frotarse un ojo:* Cuando un maestro está enseñando, y uno de los alumnos se frota un ojo esto es señal de que no entendió o no está entendiendo.

¡CUIDADO CON JUZGAR A OTROS!

Hay muchos otros movimientos, expresiones, ademanes o gestos que proveen información. Aquellos que estudian criminología y los psicólogos llegan a ser expertos en esta área, pues tratan de detectar cuando una persona no está siendo honesta (aunque en muchas ocasiones podrían equivocarse). En cuanto al lenguaje corporal pueden existir generalidades, pero no absolutos, por tanto, evitemos juzgar a las personas tan solo basados en su lenguaje corporal. Una persona, por ejemplo, cuando cruza la frontera de un país a otro podría sentirse muy nerviosa y su lenguaje corporal podría dar suficiente evidencia de ello; sin embargo, esto no quiere decir automáticamente que esa persona es un criminal o que está haciendo algo malo, pues hay personas que se sienten así en esas situaciones en particular, o bien son nerviosas en sí cuando están frente a una autoridad, esto puede ser parte de su personalidad.

En algunos círculos cristianos existe la tendencia a establecer patrones de temperamento como «buenos» y otros como «no deseables»; no obstante, estos últimos podrían no ser pecaminosos en sí, aunque sean vistos con cierto recelo. Sin embargo, debemos siempre pensar que todas las personas somos diferentes. Aun con los apóstoles vemos distintos tipos de temperamento, e incluso la mayoría de los apóstoles no se mencionan en lo absoluto, es decir, no hubo aparentemente nada relevante que decir de ellos, pero por algo fueron apóstoles, tenían los frutos de Dios. El lenguaje corporal puede darnos cierta información de una persona, pero la Biblia dice que la forma de conocer a una persona es por sus frutos (Mateo 7:16).

Debemos poner especial atención a nuestros ojos. Job hizo pacto con sus ojos para no mirar con lujuria a una mujer joven (Job 31:1). Cuando un hombre se queda mirando a una chica más de lo normal esto dice mucho de él; está sugiriendo que este tiene un mal pensamiento. Billy Graham, en una ocasión, al hablar sobre este tema, dijo que no podemos evitar mirar a una chica bella que pasa frente a nosotros y percibir su belleza; eso es algo natural; sin embargo, lo pecaminoso es quedárnosle mirando o dar una segunda mirada. Lo que el cristiano hace es apartar de inmediato su vista para evitar tener problemas con Dios.

Es también importante tener cuidado con las manos. Podemos enviar tan gran cantidad de mensajes con las manos, que fue creado un lenguaje entero que consiste en muchos distintos signos manuales. El American Sign Language (Lenguaje de señas americano) tiene al menos 10,000 signos distintos de señas. Asimismo, hay señas con las manos que son muy malas, y de ellas debemos abstenernos. Pero también con los ojos podemos hacer señas, o con la cabeza, etc. Debemos tener especial cuidado con ello.

En alguna ocasión escuche una ilustración cómica. Un padre de familia invitó a cierta amistad a cenar a la casa, y tanto la familia como el invitado disfrutaron de una excelente comida. Entonces, el esposo, queriendo quedar bien con el invitado, le preguntó: «Te gustó la comida?, ¿quieres más?», la esposa, sabiendo que ya no había más comida, se quedó mirando a su esposo, y le hizo una señal con los ojos para comunicarle que ya no había más comida; sin embargo, él —sin poner atención a lo que su esposa le estaba tratando de comunicar— insistió: «¿Quieres que te sirvan otro plato?». Ahora la esposa reaccionó y le dio un puntapié al marido por debajo de la mesa (pues, estaría muy apenada si el invitado dijera que sí quería otro plato). Entonces el invitado dice muy atento: «Muchas gracias, estuvo delicioso pero ya estoy satisfecho». La esposa sintió alivio; pero el esposo no se dio por vencido e insistió diciendo: «De verdad, toma otro plato, yo sé que te ha gustado». En ese momento, la esposa —quien por cierto ya está nerviosa y preocupada, viendo que su esposo está ignorando la comunicación no verbal— le da otro puntapié a su marido; sin embargo, el invitado se excusa nuevamente: «De verdad, disfruté mucho de la comida, estoy bien así». El esposo trata de insistir y nuevamente dice: «¡Anda hombre! No te hagas de la boca chiquita, acepta que te traigan un poco más de comida». Entonces viene un tercer puntapié (en esta ocasión más intenso). De inmediato, contesta el invitado: «Agradezco mucho tu hospitalidad, pero ya comí suficiente». Luego, cuando el esposo trata de insistir de nuevo, el invitado lo interrumpe y dice: «Ya no me insistas más, ya tu esposa me ha dado tres puntapiés queriendo decirte que ya no hay más comida, y cada vez que insistes sus patadas son más intensas, ¡¡oye, eso duele!!».

Por cómico que parezca, más de una ocasión enfrentaremos situaciones en donde la comunicación no verbal será importante, y si a quien intentamos enviar el mensaje no lo recibe (o no lo comprende), el resultado puede ser contrario a lo que deseamos (como en el relato).

Se recomienda usar siempre de sabiduría. En el caso del relato ¿qué podría ser lo mejor? En este caso, lo mejor hubiera sido que la esposa dijera a su marido: «¿Me permites un momento? Hay algo que necesito comentarte». Luego, al estar en un sitio aparte, decirle en voz muy baja: «Ya se terminó la comida, no hay más, por favor, no le insistas». Por tanto, siempre se debe elegir qué tipo de comunicación es la más conveniente.

Y recuerda, en todo momento la comunicación no verbal debe ser congruente con la verbal. No siempre estaremos hablando, y existen momentos en que el silencio es lo más conveniente; sin embargo, siempre estaremos comunicándonos con el lenguaje corporal querámoslo o no. La postura, los gestos, las manos, los ojos, los gestos, la risa, todo esto, sin necesidad de decir una sola palabra está comunicando algo a quien nos observa. Cuidemos siempre nuestro lenguaje corporal porque esto es parte de nuestros buenos modales y de la buena educación, ya sea si estamos solos o ante los ojos de algún otro ser humano. Dios siempre nos observa.

CAPÍTULO XIII
EL TRATO HACIA LOS ANIMALES Y PLANTAS

Desde que Dios puso al hombre en el jardín del Edén el hombre ha tenido responsabilidades respecto a los animales. Dios le ordenó a Adán que cuidara de ellos, que los gobernada, que les pusiera nombres. Dios puso al hombre como gobernador sobre toda la creación; él sería la creatura líder, no por sus habilidades y poder físico (como en el caso de los animales) sino por su capacidad de raciocinio. El ser humano es una creación especial, un ser sofisticado: piensa, tiene un idioma hablado, imagina, crea, recuerda, y se comunica de muchas formas con sus semejantes; sin embargo, debe de tratar a otras creaturas de la mejor manera que le sea posible.

BRINDA AMOR Y RESPETO A LOS ANIMALES

Los animales a través de la historia han sido tratados con crueldad. Ellos han sido utilizados como comida y ropa del ser humano; usados para el trabajo, y también como meros instrumentos de entretenimiento. Definitivamente los animales tienen un lugar inferior al del ser humano, y ellos no deberían jamás tener los mismos derechos que tiene la vida de un ser humano en la tierra; sin embargo, ellos deben tratarse con amor, con atención; ellos deben de gozar de la protección del ser humano.

Hoy, en la mayoría de los países, existen leyes de protección para los animales, aunque en unos países son más estrictas que en otros e incluso algunas leyes podrían ser exageradas. Tal es el caso que se llega a afirmar que la vida de un animal es tan valiosa con la de un ser humano; y se compara a los animales con los bebés o con los retrasados mentales pues dicen que los animales no tienen raciocinio y son comparables con los seres humanos que tampoco tienen conciencia o raciocinio. No obstante, este razonamiento es equivocado, la vida humana es mucho más valiosa que la de los animales. Jesús dijo: «Así que, no temáis; más valéis vosotros que muchos pajarillos» (Mateo 10:31); y «Pues aun los cabellos de vuestra cabeza están todos contados. No temáis, pues; más valéis vosotros que muchos pajarillos» (Lucas 12:7).

Ciertamente Dios se preocupa por los animalitos, tanto que él les da de comer cada día, la palabra de Dios dice: «Mirad las aves del cielo, que no siembran, ni siegan, ni recogen en graneros; y vuestro Padre celestial las alimenta. ¿No valéis vosotros mucho más que ellas?» (Mateo 6:26); sin embargo, siempre Dios deja claro que la vida del ser humano es mucho más valiosa e importante que la vida de los animales; y quien piensa que la vida de los animales tiene el mismo valor que la del ser humano ha caído en una perversión. Cristo no murió por los animales, sino por los seres humanos.

Siempre se debe tener un equilibrio. La Biblia dice: «El justo cuida de la vida de su bestia; Mas el corazón de los impíos es cruel» (Proverbios 12:10). Es decir, que el cristiano bien educado debe de cuidar de los animalitos y tratarlos con amor; sin embargo, siempre tener presente que Dios quiere que amenos a nuestros semejantes (es decir, a otros seres humanos) tanto como a nosotros mismos, y Él no está hablando de los animalitos.

CUIDADO DE LA NATURALEZA

Desde el principio, Dios puso al hombre a cargo de la creación, para que cuidara de ella. Por tanto, el ser humano tiene responsabilidad de hacer buen uso de los recursos naturales. Algunos podrían argumentar que los seres humanos son el centro de la creación y que Dios no se preocupa por el resto de ella; sin embargo, esto es incorrecto. Incluso, al cuidar de la naturaleza, el ser humano está cuidando de la humanidad también, pues lo que suceda con la naturaleza impacta a los seres humanos también.

La Biblia dice: «Cuando sities a alguna ciudad, peleando contra ella muchos días para tomarla, no destruirás sus árboles metiendo hacha en ellos, porque de ellos podrás comer; y no los talarás, porque el árbol del campo no es hombre para venir contra ti en el sitio» (Deuteronomio 20:19). En este versículo Dios tiene cuidado de la naturaleza pues considera injusto que se talen los árboles, que se destruya su creación sin necesidad ninguna. El ser humano ha estado destruyendo la naturaleza por siglos, pero Dios no le ordenó destruirla sino cuidar de ella, enseñorearse y disfrutarla, pero al mismo tiempo cuidarla.

Otro versículo interesante que habla de la naturaleza está en el Nuevo Testamento, el apóstol Pablo escribió: «Porque la creación fue sujetada a vanidad, no por su propia voluntad, sino por la causa del que la sujetó en esperanza; porque también la creación misma será libertada de la esclavitud de corrupción, a la libertad gloriosa de los hijos de Dios. Porque sabemos que toda la creación gime a una, y a una está con dolores de parto hasta ahora... esperando la adopción, la redención de nuestro cuerpo» (Romanos 8:20-23). Muchos de los comentarios hablan de una liberación futura de la creación; sin embargo, es posible creer que el sacrificio de Jesús trajo de inmediato un impacto positivo para toda la creación. Cuando los hijos de Dios se manifiestan no solo es el tiempo futuro, sino ahora. Es por tanto natural que los hijos de Dios busquen cumplir el primer encargo que Dios le dio a Adán al principio: cuidar de la naturaleza, del resto de la creación de Dios (ver también Efesios 1:10).

LOS ALIMENTOS DE LA TIERRA

Con los avances en la ciencia y la tecnología, el ser humano ha conquistado terrenos insospechados en la biología y las ciencias. Ahora tenemos acceso a mejores productos y abundante comida; con la tecnología agrícola es posible producir enormes cantidades de alimento (aun de sobra) para toda la humanidad, y con los sistemas de transportación y logística de almacenamiento y distribución hay acceso a gran cantidad de diferentes alimentos todo el año. Desafortunadamente, por la avaricia de algunos, no todo el mundo tiene suficientes alimentos, y las economías de algunos países no permiten que su población tenga esta abundancia.

Dios dio la tierra al ser humano para cuidar de ella. De la tierra Dios da los alimentos para los animales y para el hombre; por eso es muy importante que la tierra no sea contaminada sino permanezca limpia. Muchas personas no tienen conciencia del medio ambiente; sin embargo, el cristiano debe ser consciente y considerado con la naturaleza creada por Dios. Debe comprender que todos los elementos, hasta los más pequeños, son importantes para conservar los ecosistemas del mundo, todo es un delicado balance entre plantas y animales, toda criatura forma una parte importante en la cadena de la vida, el ciclo del agua, el ciclo del nitrógeno, etc., todo forma parte del maravilloso equilibrio creado por Dios en este mundo; un mundo que Dios nos encomendó cuidar. Es por ello que debemos ser conscientes y hacer todo lo que esté de nuestra parte para conservar —y si es posible regenerar— la naturaleza.

LA BASURA

De acuerdo a la EPA (Environment Protection Agency), una persona promedio en Estados Unidos produce 5.91 libras (2,68 kg) de basura por día; de los cuales 1.51 libras (0.69 kg) son reciclados y 4.4 libras (2 kg) son desperdicio neto. Esto es muchísimo.

En general, los Estados Unidos es uno de los países que más produce basura por persona en el mundo, pero, según Open Access Goverment, hay otros países que producen todavía más. Esta página reporta que Holanda está en primer lugar, seguido por Dinamarca, Estados Unidos, Suiza y Alemania; sin embargo, hay muchos otros países que no están tan lejos de estos, tales como Rusia, Brasil, Japón, China, India etc., todos estos países y muchos otros son también grandes productores de basura. El problema de la basura se ha convertido en un problema internacional, mayormente considerando que cada vez somos más y más personas en el mundo. En 2022 éramos ya 7.97 miles de millones de personas, una cantidad jamás imaginada. El mundo tenía, hace 70 años, 2.5 miles de millones, es decir, ha crecido en población casi 5.5 miles de millones. En noviembre de 2020, el Word Economic Forum (el Foro Económico Mundial) publicó un artículo titulado *World pópulation just passed 8 billons. Here's what it means* (La población mundial acaba de sobrepasar los 8 miles de millones. Esto es lo que eso significa). Las Naciones Unidas reporta que las proyecciones de población arrojan que, para el 2050, la población mundial sería de casi 10 miles de millones de personas. Esto significa que la humanidad tiene que hacer algo para no solo producir menos basura, sino también aprender a reciclarla lo más posible.

Antes de dar algunos datos respecto al aprovechamiento de la basura o los residuos, será bueno explicar la diferencia entre la recuperación, el reciclaje (y descomposición) y la disposición de la basura.

Reciclaje: Significa convertir los residuos en una nueva sustancia o producto, reduciendo así la cantidad de nuevos materiales necesarios.

Recuperación (o valorización): Incluye la digestión anaeróbica y la incineración para fines de generación de energía (combustibles, calor y electricidad).

Disposición (o eliminación): el vertedero en rellenos sanitarios e incineración de la basura sin ninguna recuperación energética.

La página de análisis británica Open Access Goverment reporta que Suiza es número uno entre los países más eficientes en el aprovechamiento de la basura (pues recobra el 100% de su basura). Aunque Suiza está dentro de los cinco mayores productores de basura en el mundo (solo detrás de Estados Unidos y Dinamarca), desde 2000 dejó de usar rellenos sanitarios y ahora recicla y descompone un 53% de su basura, y el resto la incinera para la generación de energía. Suecia está en segundo sitio (con el 99% de aprovechamiento) y en tercer lugar Alemania.

Sin embargo, el problema con este asunto del aprovechamiento y recuperación de la basura que está en debate es cuáles son realmente las consecuencias ambientales de la liberación de componentes tóxicos al incinerar la basura (a cambio de muy pocas cantidades de energía). Por otro lado, esa misma página web reporta que el país que menos aprovecha la basura es Turquía, puesto que envía un 93% de su basura al relleno sanitario.

Dicho lo anterior, la mejor opción siempre será reducir la producción de basura al mínimo. En este aspecto Polonia está a la cabeza, seguido por la República Checa y Japón. Polonia, por ejemplo, ha implementado leyes que obligan a los vendedores de comida a donar la comida no vendida a organizaciones no gubernamentales, así como a cambiar por bolsas de plástico más pequeñas. Sin embargo, no solo se trata de no producir basura, sino de ser más eficientes en el reciclaje de la que se produce. Así que, en general, el país que es más eficiente (considerando estos dos aspectos centrales) es Japón, quien, a pesar de estar dentro de los cinco países que más basura produce por persona, se puede jactar de tener un índice de recuperación de basura o residuos 93% (solo 7% detrás de Suiza).

Todos producimos basura, quizá unos más que otros, pero todos la producimos. Sin embargo, una persona con buenos modales, un buen ciudadano cristiano trata de producir la menor cantidad posible de basura. Asimismo, debemos tratar de reciclar lo más posible nosotros mismos; la reutilización de cosas que nos continúan sirviendo y que no hay necesidad de cambiar ayudará al ambiente. Por ejemplo, podemos estar cambiando de ropa demasiado seguido. Hay personas que, al tener los recursos económicos, solo usan una sola vez una prenda de vestir y luego la desechan; este es un ejemplo de un desperdicio innecesario. Procuremos también cooperar con los programas de reciclaje que existen en nuestra comunidad. Hay lugares en donde hay depósitos especiales para plásticos, vidrio, papel y metales (cobre, aluminio, etc.). Si en tu localidad existe una cultura de reciclaje, debes de apoyar esta cultura para mejorar el medio ambiente y no contaminar con desechos. Muchas familias usan los residuos de comida para la producción de composta [Del ingl. *compost*]. Este es un fertilizante casero que se produce mediante un proceso sencillo en donde las bacterias hacen prácticamente todo el trabajo por nosotros. Al producir este fertilizante se puede utilizar para enriquecer la tierra, tener una pequeña huerta familiar, y cosechar nuestros propios alimentos.

Una persona bien educada producirá la menor cantidad de basura posible, pero también, la que necesite producir, la dispondrá de una manera adecuada y eficiente.

LAS NUEVAS FORMAS DE ENERGÍA

El medio ambiente en el planeta ha sufrido mucho debido al uso del petróleo. Hay en día, los países desarrollados están preocupados por implementar nuevas formas de aprovechamiento energético, y el uso de nuevas formas de energía. En este subtema, me gustaría comentar solo brevemente respecto al tema de las nuevas formas de energía.

El calor corporal: Suecia implementó un proyecto de la utilización del calor corporal de la gente misma como una fuente de energía. Los ingenieros de Estocolmo han ideado una manera de aprovechar el calor generado por los 250,000 viajeros que se agolpan en la Estación Central diariamente. El calor corporal se canaliza a través del sistema de ventilación de la estación, luego se utiliza para calentar agua en tanques subterráneos y se bombea mediante el sistema de calefacción. Esta nueva forma de aprovechamiento energético está en sus fases iniciales, pero promete mucho; es un proyecto parecido a otro llamado «Pistas de baile», este otro es un proyecto que se está desarrollando en Rotterdam (Holanda), el cual consiste en la generación de energía a partir de las pistas de baile. Una persona promedio da 150 millones de pasos a lo largo de su vida, por lo que no hay razón de no encontrar aplicaciones a la energía que todos esos pasos producen. Existe también una compañía británica llamada Pavegen, la cual ha desarrollado «calles inteligentes». Estas «calles inteligentes» son como banquetas las cuales se construyen con sensores por debajo para recuperar energía cuando las personas caminan por ellas.

La energía solar: Este tipo de energía se ha convertido en uno de los tipos de energía renovable más recurridos por los países en nuestros días. Los países aprovechan la energía que Dios nos da mediante el sol para producir electricidad de una manera limpia, eficiente y renovable. Esta es una fuente inagotable de energía que ayuda a la sostenibilidad del planeta, y además, es una forma más económica que otras alternativas de generación de energía.

Hay varios tipos de energía solar. La energía solar fotovoltaica consiste en la instalación de paneles que son capaces de transformar la radiación solar en energía eléctrica. Estos paneles están hechos de células fotovoltaicas, que, al recibir la luz de sol directamente, se ionizan y liberan electrones que hacen posible la generación de energía eléctrica. También existen otros dispositivos que utilizan no la luz sino el calor del sol para producir energía eléctrica (energía solar térmica). Otro ejemplo del aprovechamiento de la energía solar es el caso de casas que utilizan la energía solar de forma pasiva. Esto último se refiere a que la casa en sí tiene un diseño arquitectónico pensado para aprovechar la energía solar.

La energía eólica: Este tipo de energía se genera mediante la fuerza del viento. Se trata de un aerogenerador que transforma la energía cinética de las ráfagas de viento en energía eléctrica. Este proceso se realiza gracias a un rotor que transforma la energía cinética en energía mecánica y un generador transforman la energía mecánica en eléctrica. Esta es una energía renovable, segura, eficiente, inagotable, la cual es clave para la descarbonización de la economía del planeta.

En conclusión, como como buenos ciudadanos cristianos, y personas de buenos modales debemos de cuidar tanto de los animales como del ambiente. Sin embargo, siempre con mesura, pues hay quienes llegan a tener estas cosas como dioses. Desde la antigüedad el ser humano ha adorado a los animales y a la naturaleza, y hoy en día, algunas personas llamadas «civilizadas» continúan con esta adoración (aunque de manera diferente a las civilizaciones antiguas). Por lo tanto, nosotros, como cristianos, debemos siempre entender que la creación es la creación y el Creador es el Creador. Adoremos y rindamos nuestra vida y tiempo siempre al Creador, a nuestro Dios el Padre, a nuestro Salvador Jesucristo (el Hijo de Dios), y a nuestro amantísimo Espíritu Santo.

CAPÍTULO XIV
EL TRATO HACIA PERSONAS CON CONDUCTAS NOCIVAS

Aunque no somos del mundo (en palabras de Cristo en Juan 15:19), los cristianos vivimos en el mundo y tenemos que convivir con personas que no conocen a Dios ni le temen. Algunas de estas personas son insolentes y groseras, contrarias al evangelio, pero tenemos que tolerarlas. En toda la historia han existido personas que se han vuelto enemigos de los hijos de Dios y les han hecho la guerra. Sin embargo, el cristiano debe tratarlos siempre con amor, independientemente de su comportamiento.

EL TRATO CON LA COMUNIDAD LGBT

Se dice que la política y la religión son temas que mejor es no tocarlos, pues por lo regular generan fricciones y hasta alegatos y debates; sin embargo, es muy importante que el cristiano sea firme en su fe y convicciones, pues ¡necesitamos hablar de Jesús! Pero sucede que, mientras los cristianos no predican de Jesús, hoy en día hay grupos que *predican* doctrinas muy contrarias al cristianismo y exigen respeto y tolerancia cuando ellos mismos no brindan tales cosas a los que *no* son como ellos. Uno de estos grupos es llamado *la comunidad* LGBT+. Estos, como sabemos, son aquellos que tienen orientaciones sexuales fuera del contexto biológico y bíblico. Ellos se oponen a la doctrina cristiana, pues la Biblia dice categóricamente que las personas que practican este estilo de vida están excluidas del reino de Dios. No obstante, estas personas luchan por «sus derechos».

Hoy en día las leyes han estado favoreciendo a los integrantes de esa comunidad, y el matrimonio gay es legal en muchos lugares. Los gobiernos de los países también prohíben las «terapias reparadoras o de conversión», las cuales intentan cambiar o reprimir la ideología de género (particularmente impartida a los menores de edad). Se habla de los «delitos de odio» y del «discurso de odio», los cuales, a juicio de la comunidad LGBT+, promueven la discriminación y los prejuicios en contra de sus integrantes. Otra de las ideas en la agenda de estas personas consiste en que se reduzca la edad en la que los menores pueden tener relaciones sexuales (y por supuesto, tener experiencias homosexuales). Incluso hay lugares en que estas personas ¡pueden adoptar bebés! Por nuestra parte, nosotros no debemos de discriminarlos, pues son almas preciosas que necesitan la salvación de Dios. Son personas cuyos sentidos están embrutecidos y extraviados, y necesitan que el Espíritu Santo haga la obra en sus corazones. Sin embargo, tenemos que ser firmes al decir que las ideas que ellos promueven están totalmente en contra de la naturaleza y de Dios mismo; y asimismo, combatir con la verdad todas sus mentiras, pues sabemos que la mentira proviene de satanás.

Los miembros de la comunidad LGBT+ se empeñan en que la sociedad los admita como «normales» y alegan que «así Dios los hizo». Esto evidentemente es una mentira, y aunque nosotros la denunciemos con cortesía y respeto, ellos dirán que estamos llenos de odio. Sin embargo, eso no es así.

El caso de Jack Philips —pastelero cuyos negocios están localizados en Lakewood, Colorado (un suburbio de Denver)— se hizo famoso. Este fue demandado por una pareja de homosexuales que le solicitó un pastel para su boda. Siendo que los jueces de su estado fallaron a favor de los homosexuales, tuvo que apelar a la suprema corte, donde finalmente ganó el caso. Sin embargo, más tarde, Phillips fue demandado nuevamente, esta vez por Autumn Scardina, una mujer que pidió un pastel a Phillips para celebrar su transición de hombre a mujer. Phillips, un cristiano que ha mostrado firmes convicciones, ha tenido que desembolsar grandes cantidades en costos legales.

Hoy los homosexuales luchan para que se promulguen leyes que obliguen a los pastores de las iglesias a casarlos; y que las penas por no hacerlo sean cuantiosas multas e incluso tiempo en la cárcel. Si ellos logran que estas leyes se promulguen, esto traería tremendas dificultades para los verdaderos siervos de Dios, los cuales se identifican por estar dispuestos incluso a ir a la cárcel antes que hacer algo que contradiga las leyes de Dios.

TRASTORNO OBSESIVO-COMPULSIVO

El trastorno obsesivo-compulsivo es una afección mental que consiste en presentar pensamientos (obsesiones) y rituales (compulsiones) una y otra vez. Estos pensamientos interfieren con la vida del individuo, el cual no puede controlarnos ni detenerlos. Las obsesiones son pensamientos, impulsos o imágenes mentales que se repiten y causan ansiedad. Algunos ejemplos de ello son: miedo a los gérmenes o a la contaminación, miedo a perder o extraviar algo, pensamientos agresivos hacia él/ella mismo(a), la necesidad de que las cosas estén alineadas y dispuestas de cierta manera y con precisión, etc. También estas personas manifiestan pensamientos compulsivos, esto se refiere a cosas que el sujeto siente que deben hacerse una y otra vez, por ejemplo: lavarse las manos excesivamente, verificar repetidamente algo, p. ej., que la puerta esté cerrada o el horno apagado, etc.

Algunas mujeres tienen una obsesión por la limpieza; ellas quieren que todo esté escrupulosamente limpio y lavan todo en exceso. Sin embargo, esta exageración se vuelve en un fastidio, una molestia y una pérdida de tiempo.

Jesús visitaba Betania cuando le era posible. Ahí tenía tres amigos: Marta María y Lázaro. La Biblia relata la ocasión en que Marta estaba tan afanada en los quehaceres que descuidó la oportunidad de estar a los pies de Jesús y oír sus enseñanzas; y no contenta con eso, le reclamó a Jesús para que reprendiera a María y le fuera a ayudar. Jesús, de una manera sabia, le hizo entender a Marta que esa obsesión era maligna, no queriendo decir con ello que los quehaceres de la casa no deberían hacerse, sino que no se debería afanar por ello.

Algunos otros tienen la manía de imponer a los demás sus preferencias sin siquiera consultar con ellos, p. ej., el color de las cortinas o paredes, las alfombras, etc. Estos piensan que solo su opinión es importante; y piensan que son expertos en todo. Y si por alguna razón su preferencia no es favorecida, se enfadan contra los demás. En una ocasión, una iglesia tenía dos aparatos de aire acondicionado. Un aparato se encendía para enfriar (porque uno de los miembros decía tener calor), mientras que el otro se encendía para calentar (porque otro decía tener frío). Así que, en el mismo edificio había un aparato enfriando y otro calentando, y obviamente se producía un gran desperdicio de electricidad y de dinero. Este ejemplo es un ejemplo del egoísmo y el engreimiento que existe en algunas personas.

Mucho de esto se debe a que existen cristianos inmaduros, imprudentes, impertinentes y necios, además de gruñones y amargados, los cuales siempre desean salirse con la suya. Estos creen siempre tener la razón y que solo su opinión es válida; por tanto, no aceptan ni los consejos ni las sugerencias de otros. Al respecto, la Biblia dice en 1 Corintios 14:20 «No seáis como niños en el modo de pensar, sino en la malicia».

Así que, cuando nos encontremos con personas así, con toda la paciencia y el amor de Cristo, pero con firmeza y determinación, debemos enfrentarlas y hacerles ver que hay otras opciones que deben considerarse. En ocasiones será difícil el convencerlos, pues algunos son tercos y testarudos, pero se debe ser firme y proceder de la mejor manera, con un buen sentido común y considerando la mejor opción.

CAPÍTULO XV
DE MÚSICA, POETA Y LOCO...

En este capítulo estaré hablando de las bromas que de pronto manifestamos con los demás y de las celebraciones especiales. Los seres humanos necesitamos de estas expresiones. No todo en la vida es trabajo y debemos procurar tener tiempos de esparcimiento en donde riamos y estemos contentos. Los tiempos con la familia y amigos son tiempos importantes; las fiestas y los convivios también; sin embargo, los cristianos no necesitamos de bebidas alcohólicas ni de chistes obscenos ni de bailes para divertirnos. Los cristianos nos divertimos y socializamos de una manera sana y familiar. La Biblia dice de los cristianos de la iglesia primitiva: «Y perseverando unánimes cada día en el templo, y partiendo el pan en las casas, comían juntos con alegría y sencillez de corazón» (Hechos 2:46).

LAS BROMAS ENTRE LOS DEMÁS

Hay un dicho que dice: «De músico, poeta y loco, todos tenemos un poco». Es cierto, todos tenemos de pronto cambios de humor; en ocasiones podemos ser bromistas y ver las cosas con simplicidad. Quizá en algún momento hacemos payasadas, decimos cosas graciosas con el propósito de entretener o divertir a los oyentes, a veces nos gana la risa y hacemos que los demás también se rían. Estas situaciones pueden ser agradables y se presentan en unos momentos propicios, esto es normal y se presenta mayormente entre amigos y personas con quienes tenemos suficiente confianza para bromear.

Sin embargo, no siempre es apropiado ser así. Hay que tener sentido común y examinar la situación y el lugar, hay que guardar compostura en ciertas situaciones. Los adolescentes se caracterizan por no tener una noción sensata de dónde, cuándo y cómo comportarse; no obstante, poco a poco, y cometiendo errores, ellos van adquiriendo el sentido común y la sensatez necesarias para la vida, algo a lo que llamamos madurez.

La Biblia nos dice en Eclesiastés que para todo hay un tiempo adecuado, y es hermoso pasar tiempos de refrigerio con amistades, pero siempre conservando la prudencia. En mi experiencia en las escuelas públicas he visto cómo los adolescentes que son buenos amigos y bromean entre sí, de pronto han llegado a tener conflictos hasta el punto de pelearse a golpes por un malentendido. En una ocasión dos adolescentes que eran buenos amigos, empezaron a discutir. Uno de ellos le llamaba por sobrenombres al otro y le decía: «Eres un tonto, tú no sabes nada, etc.». El otro se sintió ofendido y le reclamó; y luego, cuando estuvieron en la oficina del director, el ofendido le dijo al ofensor: «Tú siempre me sobajas y ofendes, y ya no puedo soportarlo». Entonces, el ofensor le respondió: «Todo es en broma, pensé que no te importaba, siempre nos hemos llevado así». Después de disculparse, acordaron tener un trato más amable y cordial, poniendo límites a las bromas de mal gusto. Así, todo volvió a la normalidad, y su relación mejoró.

El cristiano debe ser consciente de dónde, cuándo, cómo y con quién bromear. He visto que durante algunas comidas entre ministros y pastores, a la hora de comer, alguien dice una broma que hace sonreír y poner de buen humor a los demás durante la comida, pero siempre con respeto, sin ofender a nadie. Esto crea un ambiente cordial y alegre; la reunión se anima y se pasa un buen rato. Entre amigos de confianza existen las bromas que promueven la alegría, sin tomar a alguien como objeto de burla, sino solo creando un ambiente alegre y sano.

LAS CELEBRACIONES Y EVENTOS ESPECIALES.

Celebrar la vida o logros es algo común en nuestra sociedad. Las bodas, aniversarios, los cumpleaños, graduaciones, campeonatos deportivos o académicos, etc. Se nos invita a celebrar. La usanza es hacer una fiesta, lo cual es completamente normal. Existen diferentes criterios al efectuar una celebración, y muchas personas quieren tener un tiempo inolvidable y formidable (en lo personal recomiendo que la boda sea algo muy especial, pues es un acontecimiento que marca un cambio radical en nuestra vida, y debe de efectuarse en el tiempo correcto, esto es, cuando los contrayentes tengan suficiente madurez y estabilidad tanto emocional como económica). Es aquí donde podemos compartir nuestras alegrías con familiares y amistades; sin embargo, existe el peligro de que las cosas se salgan de un límite cabal.

Entre algunas sociedades (tanto cristianas como seculares) existe un espíritu de competencia y de rivalidad. Cada uno se esfuerza por hacer la fiesta más elegante. Hay quienes «tiran la casa por la ventana», haciendo gastos tanto innecesarios como superfluos, y, en algunos casos, llegando al punto de endeudarse, intercambiando con ello unos cuantos momentos de gran euforia por incluso años de amargura. Por tanto, las fiestas y celebraciones en estos eventos especiales deben ser sencillos, pero llenos de significado; la elegancia y suntuosidad salen sobrando. De ninguna manera la fiesta debería ser una carga de estrés y preocupaciones; se sugiere que se haga un presupuesto sensato, se examinen las opciones y se elija la que más convenga de acuerdo a las posibilidades de cada uno. El cristiano debe ser un buen administrador de todos los recursos, incluyendo el tiempo y el dinero; y así, con sensatez y sabiduría, escoger la mejor opción para celebrar y no hacer caso de comentarios negativos que en muchas ocasiones llevan la finalidad de herir (p. ej. ¿por qué no rentaste un mejor lugar? Pudieras haber dado una mejor comida, etc.).

Al exagerar en los preparativos, lo que se logra es un ambiente de insatisfacción que deja molestos a muchos, aunado a la frustración de haber gastado y trabajado en vano; y lo peor, haber desperdiciado la ocasión para crear recuerdos memorables. De esta manera, podemos convertir lo que pudo haber sido un festejo inolvidable y maravilloso, en una fiesta seca, sin sabor, frustrante (pues no se cumplieron con las expectativas, ya que estas eran demasiado altas). Luego vendrán momentos de turbación, pues habrá quedado una deuda que será difícil pagar.

Las fiestas y celebraciones son oportunidades para crear recuerdos memorables, y que al recordarlos, nos dibujen una sonrisa en el rostro por el hermoso recuerdo de esa ocasión. Un ejemplo bíblico lo tenemos en Jesús, cuando asistió a una boda en Caná. En esa ocasión ocurrió lo inesperado, aquello que echaría a perder todo el evento: se les terminó el vino; quizás por falta de visión de los organizadores, o mala planeación, o quizá debido a los invitados inesperados «los colados», que, sin ser invitados formalmente, hicieron acto de presencia y pusieron en una situación difícil a los anfitriones. Pero Jesús, en esa ocasión, resolvió para ellos ese gran problema de manera milagrosa al convertir el agua en vino, y, por cierto, era un vino de altísima calidad. Pero lo más importante fue que el ambiente en esa boda fue perfecto, pues Jesús tenía el control de la situación (él fue invitado, y al ser invitado, todo en esa boda estaría bien). La situación de gran estrés se volvió en bonanza y calma. Por cierto, creo que con o sin vino estoy seguro que las personas se la iban a pasar de maravilla, pues Jesús estaba allí. Esto me hace recordar una caricatura famosa llamada *¡Cómo el Grinch robó la navidad!* En ella el personaje amargado de Grinch quiere que todos sean infelices como él, entonces les roba la comida y los regalos a aquellos que iban a celebrar la navidad. Grinch sí pudo robar esas cosas, pero no pudo robar el gozo y la alegría a los que estaban celebrando, porque el enfoque no era lo material. De la misma manera, debemos todos tener una actitud alegre y complaciente, recordemos que para alguien es una ocasión especial y que debemos hacer lo que esté de nuestra parte para que ese momento sea muy bonito y memorable.

CAPÍTULO XVI
INTEGRIDAD, SANTIDAD Y HONESTIDAD

En la vida la integridad, la santidad y la honestidad son sumamente importantes. Estas son tres palabras que se parecen mucho, pero tienen significados distintos (aunque están íntimamente relacionadas). No se puede tener santidad sin ser íntegro ni se puede ser íntegro sin ser honesto. La santidad es un concepto más amplio, el cual tiene que ver con nuestra vida espiritual: estar separado para Dios, que nuestro ser (espíritu, alma y cuerpo) sea un instrumento para los propósitos que a Dios le plazcan. A continuación, definiré y explicaré un poco más estos conceptos.

LA INTEGRIDAD

La integridad es una palabra que tiene similitud con la totalidad y con la pureza (sin contaminantes). Esto quiere decir, que una persona íntegra cuenta con todas sus partes y todas estas partes, estando unidas, se intercomunican con armonía. Significa que no le faltan piezas, ni ninguna de estas piezas está en un mal funcionamiento. Una persona íntegra no tiene contradicciones en su ser: lo que piensa, lo que dice y lo que hace coinciden, es lo mismo; mantiene la pureza, es decir, actúa sin maldad. Sus partes están intactas y mantiene la pureza.

Habla también de un individuo educado, honesto, que tiene control de sus emociones, que se respeta a sí mismo y a los demás. Responsable, disciplinado, que habla con honestidad, puntual (pues respeta el tiempo de los demás), leal (pues considera la traición como uno de los más aberrantes males humanos). También es pulcro, correcto e intachable. La integridad hace que una persona se adhiera a los valores morales y que tome sistemáticamente decisiones morales, incluso cuando nadie le esté mirando. Mientras que la honestidad se refiere a la calidad de veraz, la integridad se refiere a actuar de acuerdo a la verdad. La integridad es virtualmente imposible sin el dominio del Espíritu Santo en una persona, pues solo puede ser íntegro quien está dispuesto a honrar a Dios y caminar en obediencia.

La integridad es malentendida por muchos. Los alumnos en las escuelas, por ejemplo, entienden que «hacer trampa» en alguna tarea o evaluación está bien, mientras no sean descubiertos. Ellos piensan que copiar un examen, plagiar un trabajo, piratear un libro, etc., no son cosas malas en sí siempre y cuando nadie se dé cuenta de ello. ¡Que errados están! La sociedad en general también ha sido corrompida y se justifica a sí misma al pensar que el fin justifica los medios. Puedo poner el ejemplo de aquel que se encuentra en el suelo una cartera con dinero, ¿cuántas personas serían íntegras y devolverían esta cartera con todo el dinero que está dentro? Es triste admitir que muchas se quedarían con el dinero sin sentir remordimiento. Sin embargo, la integridad es hacer lo correcto sin necesidad de que nadie te esté mirando; los que tenemos fe en Dios sabemos que no hay nada oculto que no haya de salir a la luz, y Dios, quien nos está viendo, desea que llevemos una vida íntegra. El salmista lo expone de esta manera al decir: «¿Quién subirá al monte de Jehová? ¿Y quién estará en su lugar santo? El limpio de manos y puro de corazón, El que no ha elevado su alma a cosas vanas, Ni jurado con engaño» (Salmo 24:3-4). Si nos encontramos dinero tirado en la calle, pertenece a alguien, por tanto, debemos hacer todo lo posible por localizar al dueño y regresarle lo que le pertenece. Quedarse con cualquier cosa a sabiendas de quien es su dueño, se constituye en un robo.

LA SANTIDAD

La santidad —estar apartados para Dios— no significa irnos a una montaña o enclaustrarnos en un monasterio, sino más bien, significa que, en medio de este mundo y la sociedad, vivamos una vida agradable a Dios, siguiendo sus preceptos y obedeciendo en amor sus mandamientos, cuidando nuestras vidas de caer en cosas vanas, pues nuestra lucha es contra los deseos de los ojos, los deseos de la carne y la vanagloria de la vida (1 Juan 2:16).

La calidad de santo no es lo que el mundo ha definido como santo. Santo es, para el mundo, un religioso(a) que está ocupado únicamente en las cosas espirituales sin disfrutar de ninguno de los placeres de este mundo (aun de los placeres lícitos). La Iglesia Católica ha modelado mucho nuestro pensamiento en este sentido. Sin embargo, la santidad, según el concepto bíblico, es un regalo de Dios, un regalo que se obtiene cuando una persona se rinde totalmente al Señor y decide servirle. Dios hace que una persona viva con un corazón orientado a las cosas de Él, y se aparte del pecado.

LA HONESTIDAD

La honestidad tiene que ver con ser sinceros y decir la verdad, incluso cuando sea dolorosa. Es aceptar nuestras debilidades e imperfecciones, y tener el valor para confesarlas sin buscar excusas. Muchos cristianos, cuando son confrontados con un error, buscan excusarse. «Por qué no hiciste lo que debías hacer? «Es que pensé que no era necesario», o «es que me ocupé en otro asunto». Estas excusas solo son una muestra de falta de honestidad: tratar de librarse de la culpa y la responsabilidad personal. Por tanto, la honestidad es admitir los errores y pedir perdón y tratar de enmendar la falta o el daño.

El cristiano debe de ser sabio y entender los tiempos y los cambios. La tecnología ha avanzado mucho y ahora se pueden aprovechar muchos recursos provistos gratuitamente en internet. Por ejemplo, hay muchas versiones de la Biblia, estudios, predicaciones, etc. Todo está al alcance en cuestión de segundos con un teléfono inteligente con conexión a internet. En el internet tenemos mucha información que puede ser muy útil. Desafortunadamente, gracias a esta misma tecnología, en las iglesias hay muchos que hacen mal uso de las redes sociales y las utilizan cuando el culto está en marcha. Esto ocasiona que no pongan atención a la prédica y esto constituye una total falta de respeto.

Es por tanto muy importante que seas honesto en todo momento, expongas la verdad siempre. No tomes lo que no te pertenece y seas respetuoso para con los demás. En este libro he estado compartiendo mucha información sobre los buenos modales y el buen comportamiento tanto en sociedad como cuando estás solo o sola. Recuerda que una persona honesta e íntegra se comporta siempre bien tanto cuando está solo como cuando está en público. Siempre hace lo que debe hacer, pues sabe que existe un Dios arriba que siempre le está observando, y es ante Él, en primer lugar, que rendiremos cuentas un día.

CAPÍTULO XVII
LOS ROLES SOCIALES DEL HOMBRE Y LA MUJER

L as sociedades han creado estereotipos respecto a los roles del hombre y la mujer a través de los siglos; estas han creado tradiciones, y algunas de estas tradiciones son de carácter universal. Por ejemplo, la unión matrimonial y las bodas son celebraciones sociales practicadas en todo el mundo. Sin embargo, las sociedades han venido cambiando.

LA IDENTIDAD SEXUAL EN NUESTROS DÍAS

Lamentablemente, no siempre estos cambios han sido para bien, y hoy están muy relacionados con la identidad sexual y con los roles del hombre y la mujer en el hogar. Sin embargo, aunque en muchos países el reconocimiento de la identidad homosexual se ha visto como un «avance social», todavía hay importante cantidad de países en el mundo que solo admiten el matrimonio heterosexual tradicional; por ejemplo, en África (al menos 30 países), en varios países de Asia y en los países árabes. También en varios de los países del Este Europeo (Lituania, Letonia, Polonia, Eslovaquia, Rumania o Bulgaria). En Rusia, la homosexualidad era considerada un delito hasta 1993, y una enfermedad mental hasta 1999. Desde 2013, existe una ley que castiga con multas y penas de cárcel la propaganda homosexual destinada a menores. La unión heterosexual, es decir, entre un hombre y una mujer, es el modelo bíblico, y cualquier otra cosa distinta a esto es algo detestable para Dios.

El sexismo, el machismo y el feminismo son ideologías/filosofías que se han hecho populares. Grupos como el LGBT+ se nutren mucho de las ideas de quienes escriben promoviendo estos temas y las utilizan para promover su agenda. Estas ideologías atacan los roles tradicionales de los hombres y las mujeres, de los esposos y las esposas, y aún están en contra de las diferencias evidentes y biológicas que hay entre los dos únicos sexos que existen (hombre y mujer); y en nombre de «la equidad» tergiversan estos roles y denigran la dignidad de los seres humanos. Sin embargo, algo sabemos con certeza: que Dios creo en el principio a un hombre y a una mujer, y los creó diferentes.

No existe matrimonio homosexual que sea legítimo, no existen personas que legítimamente sean «no binarias». Jesucristo expresó que hay algunos que son eunucos, y menciona diferentes tipos de eunucos, pero estos no son ni homosexuales ni no-binarios, simplemente son personas que se abstienen de tener relaciones sexuales.

LOS ROLES ESENCIALES DE LA MUJER Y EL HOMBRE

La mujer es un ser creado para ser la compañera del hombre. Ella tiene dignidad y deberes, obligaciones y derechos; como ser humano tiene la capacidad de ejercer roles sociales y de autoridad. Es normal que cada mujer tenga sus propios dones, y que desarrolle esos dones hasta que alcance su máximo potencial, pero ella tiene una misión de gran envergadura: Dios la designó para llevar en su cuerpo nuevas vidas, ella está hecha para poder engendrar y dar a luz, además de criar a los hijos con amor y ternura en el temor de Dios. Esta es la misión más importante de toda mujer, pues esta misión no solo tiene que ver con la preservación de la raza humana, sino con la preservación de muchos de los valores característicos de la verdadera humanidad. La sociedad insiste en denigrar esta función, pero esta función no puede ser sustituida por los hombres, Dios la asignó a las mujeres, y es una función vital.

UN DESEQUILIBRIO EN LOS ROLES DEL HOMBRE Y LA MUJER

En México existió la tradición de leer durante la ceremonia matrimonial civil la carta de Melchor Ocampo, (*La epístola*). En ella se describe la belleza del matrimonio y se establecen las expectativas para el hombre y la mujer. El hombre por naturaleza físicamente es más grande y fuerte que la mujer. Dios lo designó para trabajar, para ser el sostén económico y moral de la familia, Dios le dijo a Adán que con sudor y esfuerzo consiguiera el pan de cada día. Cierto, los tiempos cambian, ahora las mujeres han logrado tener los mismos derechos que los hombres, pueden ejercer casi los mismos trabajos, pueden participar en política, votar y lanzarse a puestos de elección popular, y vemos que ellas son capaces de trabajar en muchos aspectos tan bien como los hombres, ¡todo esto es excelente! Sin embargo, existe una corriente que, disfrazada de equidad de género, lucha porque las mujeres tengan un lugar más prominente en la sociedad. Incluso, han logrado que exista en los países algo a lo que se le ha llamado «cuota de género». Por ejemplo, muchas mujeres han sido colocadas en puestos públicos sin tener el voto popular, sino tan solo para cumplir con esa «cuota de género». Muchas empresas también se ven obligadas y forzadas a contratar minorías y mujeres no por su capacidad, sino por la exigencia de esa «cuota de equidad».

No obstante, estas leyes y estas iniciativas, si buscaban crear una sociedad más justa, han logrado precisamente lo contrario. El feminismo no solo ha lastimado a los hogares tradicionales, sino que ha impuesto a los hombres una conducta sumisa y hasta homosexual (es deseable que el hombre se comporte femeninamente; y es también un sector del feminismo el que promueve directamente el lesbianismo); asimismo, esta corriente ideológica tiene muchas premisas injustas, por ejemplo, si un hombre golpea a una mujer es una bestia, si una mujer golpea a un hombre... ella tendrá sus motivos justificados. Si empezamos a examinar de cerca el feminismo (no es el tema de este libro), nos daremos cuenta que esta ideología avala una serie de aberraciones que están en contra de la naturaleza, cosas que Dios describe como abominaciones: la homosexualidad, el lesbianismo, el género no binario (de los que dicen no ajustarse necesariamente ni al género masculino ni al femenino), etc.

Dios ha sido muy preciso en cuanto a los roles del hombre y de la mujer, entre el esposo y la esposa, describiré brevemente algunos de esos roles.

EL ROL DEL HOMBRE

El hombre, como cabeza del hogar tiene la responsabilidad de ser el guía, el sacerdote y el líder de la familia. Deberá de trabajar para proveer las necesidades del hogar, deberá guiar a sus hijos en el consejo de la palabra de Dios, y no permitir la entrada de nada sucio o maligno que perjudique a la familia;

él deberá, sobre todo, amar a Dios y demostrarlo, después, amar a su esposa, serle fiel, cuidarla y protegerla; él debe ver por su bienestar físico y emocional. El vínculo perfecto es el amor, así que el motivo para estar con ella no es solo el atractivo físico, y si bien la sexualidad es una parte importante en el matrimonio, el amor es un compromiso que va mucho más allá de un deseo sexual: es un pacto/contrato de amor.

El modelo de hombre es establecido por Cristo mismo. Anteriormente se les decía a los hombres, por ejemplo, «los hombres no lloran»; sin embargo, esto no es correcto; Jesús mismo lloró, conmovido por la muerte de Lázaro. Y así como este dicho, hay muchos otros que hacen que nuestras vidas sean esclavizadas a concepciones erróneas respecto a los roles de los hombres y las mujeres. Yo le ayudaba a mi mamá, y ahora a mi esposa a lavar los platos y a limpiar la casa, esto no es algo exclusivo de las mujeres, y lo hago con gusto. Cada quien debe de estar conforme con las funciones que le tocan hacer en su hogar, y vivir con humildad y mansedumbre, sometiéndose a los demás para lograr la paz y la armonía en el hogar.

Asimismo, el hombre debe corregir a los hijos, les debe explicar a conciencia lo que hicieron que estuvo mal y hacerles entender que las acciones —buenas y malas— siempre tienen consecuencias; la corrección de los niños servirá para que estos sean maduros y aprendan a ser disciplinados. Él debe también —junto con su mujer— enseñar a los niños varones a ser masculinos (vestirse masculinamente, jugar con juegos para niños varones, etc.)

También el hombre debe tener su casa en buen funcionamiento, en lo que respecta a trabajo físico, pintura, reparaciones, remodelaciones, igual con el coche, limpio y con el mantenimiento debido, diligente en cuanto se presente una falla o malfuncionamiento.

EL ROL DE LA MUJER

Por su parte, la mujer debe de ser la dulzura del hogar. Ella es la esposa y la madre, una creación de Dios con cualidades únicas: ternura, paciencia, capacidad de alimentar al bebé en forma natural, etc., estos son dones que Dios le dio a la mujer y solo ella puede ejercer. Las mujeres son más perceptivas que los hombres en cuanto a los adornos en la casa y al buen vestir de los integrantes de la familia. Ellas tradicionalmente se preocupan por mantener su casa en orden y efectuaban los quehaceres domésticos con la ayuda de los demás: cocinar, lavar la ropa, tener las camas bien tendidas y ver que sus hijos y su esposo vistan ropa limpia, bien planchada y en buenas condiciones, etc., en todo esto vemos lo que expresa Proverbios 31 acerca de la mujer virtuosa. Sin embargo, esto no significa que al hombre le sea lícito tratar a su esposa como una esclava o sirvienta, ni que ella se debería sentir así si realiza tales funciones (incluso, las obligaciones de cada uno deben ser acordadas por ambos, con prudencia y amor). Hoy, debido a que muchas mujeres trabajan secularmente, se ha trastornado el orden de las funciones tradicionales, y aunque estas funciones pueden ser negociables, el modelo ideal que crea las familias más fuertes sigue estando firme.

La mujer debe de fomentar un buen ambiente en el hogar, y hacer de su familia una familia deseable. La Biblia dice que siempre es mejor dos que uno, así es que normalmente las familias que siguen el modelo bíblico de los roles del hombre y la mujer son familias más fuertes y prósperas. La mujer, si reconoce el liderazgo de su esposo, lo impulsará y lo ayudará para que trabaje más y mejor, para que desarrolle todo su potencial. Y si el hombre reconoce las cualidades y talentos de su esposa, atiende a su consejo, trabaja en armonía con ella, y le ayuda a desarrollarse en aquello en lo que Dios le ha dotado (sus talentos y dones), ambos harán un equipo extraordinario. Todo debe hacerse con amor (1 Corintios 16:14). Esa será siempre la clave.

La mujer debe aprender a ser mujer y no desear parecerse al hombre. A ella Dios la hizo mujer, y al hombre Dios lo hizo hombre, cada uno tiene sus propias particularidades; la feminidad de la mujer es algo que le hace feliz, porque está siendo aquello para lo que fue diseñada. La sociedad transmite las mentiras del diablo, y termina creando mujeres masculinizadas, rudas, crueles, apáticas, patéticas, infieles y llenas de amargura. Cierto, hoy en día muchas mujeres trabajan en lo secular y aportan buena parte del ingreso familiar, esto es encomiable y digno, la mujer es capaz de proveer también y ser de bendición. Vemos en la Biblia el ejemplo de Dorcas (Tabita), quien hacía con sus manos túnicas y vestidos, por ejemplo. Pero esto no quiere decir que la mujer sea la cabeza del hogar. En ocasiones la esposa gana más que el esposo, y está bien, ¡la economía familiar es fortalecida!; sin embargo, ella, bíblicamente, no es la cabeza. En otros casos la mujer tiene más capacidad para administrar y controlar el presupuesto familiar, y esto está muy bien; no obstante, otra vez, esto no quiere decir que ella es la cabeza del hogar. Por el otro lado, que el hombre sea el líder del hogar no significa que pueda prescindir de su esposa para tomar decisiones, más bien, su liderazgo implica todo lo contrario: el hombre debe de tomar todas las decisiones importantes en conjunto con su esposa, ella es su socia, quien le brinda consejo y le apoya para tomar las mejores decisiones en pro del avance del hogar; ambos, en oración, deben llegar a un acuerdo, esto es lo maravilloso del matrimonio.

Sin embargo, la identidad femenina está en vías de destrucción en nuestros días. Hoy las mujeres son más independientes (nada de malo con ello); pero algunas, con el pretexto de que anteriormente eran abusadas y golpeadas, han cambiado los roles y asumen la supremacía en el hogar, siendo que Dios puso al hombre en el liderazgo. Estas también se portan con dureza y sin respeto con sus maridos, los menosprecian, y se valen de las leyes para sobajarles. No son amables, ni tienen finura ni buenos modales, sino son prepotentes, rebeldes, y siempre se hacen las víctimas si algo no se hace como ellas quieren. Este comportamiento propicia muchos problemas y la destrucción de la familia.

La mujer (la esposa) debe de respetar a su marido. Cuando ella necesite o desee algo lo debe expresar (los hombres no podemos leer la mente de las personas, y muchas veces no nos damos cuenta de que ella quiere algo, así que la esposa debe comunicar de una manera efectiva lo que desea), siempre con amor y tacto, y en un momento apropiado. También debe de ayudar a su marido en todo, sus consejos hacia él le serán de gran ayuda.

Los esposos, sobre todo, deberán tener un tiempo separado para la lectura bíblica y la oración. Por cierto, se debe tener mucho cuidado con aquellos maestros que no han entendido bien los principios bíblicos, y sus enseñanzas resultan ser influencias negativas. Por ejemplo, en una ocasión un predicador expresó que el hombre debería tener a la mujer bajo sujeción (control) y exageró al decir que el hombre es el jefe y que todo lo que diga deberá de hacerse sin queja ni reclamo. Un oyente, cuando regresó a casa, y sin ser sabio, comenzó a gritar y dar órdenes a su esposa, quien no estaba de humor para esos tratos, y esta discusión fue escalando hasta que se produjo el divorcio.

CONDUCTAS DEL HOMBRE Y LA MUJER

El hombre tiene la obligación de respetar y manifestar amor a su esposa. Ella siempre debe sentirse amada, apreciada, valorada, protegida, y hasta consentida. Sin embargo, existen también mujeres que abusan del buen trato que su esposo les da y de su mansedumbre, gastan excesivamente, son groseras, indolentes e incluso toman decisiones sin contar con su esposo. Definitivamente todos cometemos errores; sin embargo, la conducta del cristiano en tales casos es la siguiente: 1) Reconocer los errores cometidos y aceptar su responsabilidad; 2) Arrepentirse de lo que hizo mal, 3) Reparar o restituir el daño causado (de ser esto posible); 4) pedir perdón, y 5) Cambiar su proceder y actitud, y no volverlo a hacer. En el matrimonio se cometen muchos errores; sin embargo, tanto el marido como la mujer deben manifestar una actitud humilde, perdonarse y pedirse perdón.

El hombre y la mujer deben ser amables, cariñosos y mostrar mutuo interés. El amor es un camino de dos vías. Al salir juntos el hombre debe caminar al lado de su esposa, tomados de la mano o abrazados (dependiendo de la situación); es una muestra de cortesía que el hombre abra para ella las puertas de los edificios y del coche. Nunca gritarse, mucho menos en público (a menos que se trate de una situación de emergencia). Ambos deben hablarse con cariño, ternura y amor. El varón es quien en primer lugar debe proveer cuidados (si llueve, cubrirla con un paraguas, si hace frío, con su abrigo, etc.). Los esposos jamás deberían bromear en público de él o ella. Tampoco tomar decisiones por el otro (por ejemplo, diciendo: «mi esposo puede hacer eso», o «mi esposa podría ayudarles con aquello»), antes de establecer cualquier compromiso deben platicarlo en privado.

EL MACHISMO

En cuanto al machismo, es entendido como un sentido exagerado de la masculinidad. Se relaciona con el abuso del hombre hacia la mujer, también como un prejuicio: se dice que el hombre es superior a la mujer. Por otro lado, el machismo puede tener infinidad de definiciones, y hasta se puede llegar al punto de decir que el simple hecho de establecer diferencias entre el hombre y la mujer esto es en sí una expresión de machismo. Cualquier persona que diferencie los sexos es acusada de sexista y machista. Si bien es cierto que muchos hombres son inconscientes y no tratan a la mujer con la dignidad y respeto que se merece, la sociedad debe de reconocer que el hombre es la cabeza del hogar. En los Estados Unidos existe la tradición legal que al casarse una mujer cambia su apellido al del marido; sin embargo, algunas personas están en contra de esto, dicen que esta ley es sexista; en otros países al contraer matrimonio se agrega un «de» al final para indicar que están casadas, esto quizás desaparezca en un futuro, lo que no debe desaparecer es el vínculo que les debe de unir, el amor.

LOS DERECHOS DE LAS MUJERES

Las mujeres han sido abusadas y denigradas por mucho tiempo; sin embargo, tal parece que este hecho histórico ha servido como punto de apoyo para pasarse al otro extremo: establecer un derecho superior al del hombre. En el pasado las mujeres eran muy discriminadas y carecían de derechos, por ejemplo, no se les permitía votar, ni estudiar, y eran discriminadas en el ámbito laboral y político. Hoy las leyes no solo protegen esos derechos, sino incluso se han establecido «cuotas de género» —como ya lo he mencionado—, y se les asignan trabajos y posiciones a mujeres que realmente no los merecen, sino que les son otorgadas tan solo para cumplir con ese nuevo requisito. Esto sucede en todos los ámbitos, pero podemos señalar al poder legislativo en México, en donde se exige, en pro de la equidad de género, cierto número de mujeres, quienes, aunque no tengan ni la capacidad ni el voto de la población, han sido puestas en esos lugares de prominencia para cumplir con la ley de la cuota de género. El feminismo es una ideología de odio y rechazo del género femenino y del rol maravilloso que Dios les dio a las mujeres. Ellas son muy valiosas y capaces de grandes obras, pero no son hombres, deben conservar su feminidad sin perder su decoro y pudor; ellas tienen tanto valor e importancia que los hombres, quienes, por cierto, tienen gran influencia en ellos. La mujer es la que hace que la familia se convierta en una gran bendición, pero también ella puede destruir el hogar. La Biblia dice: «La mujer sabia edifica su casa, Mas la necia con sus manos la derriba» (Proverbios 14:1). Recordemos la influencia que Eva tuvo en Adán al comer del fruto prohibido, esta fue una influencia muy poderosa, y esto, después de miles de años, sigue siendo así.

Las mujeres cristianas deben tener mucho cuidado con las voces feministas, pues ese definitivamente no es el camino para la felicidad de ellas. Cada 8 de marzo se celebra el Día Internacional de la Mujer, y esta celebración se caracteriza por protestas de odio. Muchas mujeres hacen marchas protestando por «sus derechos»; dicen que los hombres ganan más dinero que ellas, y eso les sirve de excusa para efectuar muchos destrozos. En las manifestaciones ellas rompen cristales de autos y negocios, se hacen pintas en paredes, incluso se incendian y vandalizan lugares oficiales de gobierno. Es muy triste que muchas mujeres participen en estos actos.

***

En conclusión, Dios ha establecido los roles de los hombres y las mujeres para que ambos sexos sean felices. No son los roles ni la asignación de autoridad lo que hace a un hombre o una mujer feliz, más bien, la felicidad está en obedecer a Dios, en Él está el gozo, la paz, y la armonía. El pecado ha hecho que el hombre abuse, pero también que la mujer abuse. La solución no es que la mujer sea la que gobierne y se enseñoree del hombre, ni en presentar a Dios como equivocado e injusto, sino la solución está en que le demos lugar a Él para que transforme el corazón humano. El machismo y el feminismo, ambas cosas son resultado del pecado. La Biblia deja perfectamente claro que Dios espera que el hombre adopte el rol de liderazgo en el hogar, ¿esto hace que la mujer sea inferior? ¡No! ¿Significa que ellas son menos en algún sentido? ¡Definitivamente no! Simplemente es un asunto de roles, de funciones distintas. ¿Qué es más importante inhalar o exhalar? Ambas son funciones indispensables y la una es tan importante como la otra ¿Quiénes son más importantes las arterias o las venas? Es un asunto de funciones. Si hacemos aquello para lo que fuimos diseñados eso nos hará felices.

Tanto el esposo como la esposa son socios en el matrimonio, y con una buena comunicación y mucho amor su matrimonio será bendecido por Dios. No dejes que las tendencias machistas o feministas vengan a envenenar tu relación de pareja y por ende tu relación con Dios. Asimismo, si eres soltero o soltera, elegir con quien te vas a casar es una decisión de suma importancia para ser feliz en la vida; esta no se debe tomar por obsesión o deseo carnal, sino por amor y con mucha oración, consejo y aprobación de los líderes de la iglesia y de los padres. El apóstol Pablo termina el asunto que aborda sobre el esposo y la esposa con la siguiente frase: «Por lo demás, cada uno de vosotros ame también a su mujer como a sí mismo; y la mujer respete a su marido» (Efesios 5:33). Esta frase de la Biblia vale más que todos los libros de filosofía respecto al tema de la relación entre marido y mujer que hay en el mundo.

ANEXO: EVALUACIÓN DE UN BUEN CIUDADANO CRISTIANO

Contestar las siguientes preguntas del 1 al 5, siendo (1=No, nunca, 2= Rara vez, casi nunca, 3= a veces, 4= Seguido, 5= Sí, siempre).

1. Mi alimentación es correcta y balanceada, no tengo sobrepeso, no abuso en el comer, controlo mi dieta en azúcares, grasas y sal. (1,2,3,4,5)

2. Mantengo mi cuerpo saludable, hago ejercicio regularmente y duermo lo suficiente. (1,2,3,4,5)

3. Ocupo mi mente en cosas saludables y positivas, evito preocupaciones y me mantengo sin adicciones como la televisión, las redes sociales, el teléfono celular, etc. Mantengo una rutina de lectura bíblica y meditación en la palabra de Dios, y en cosas positivas. (1,2,3,4,5)

4. Mantengo una manera de vestir limpia, decente y ordenada, cabal y correcta dependiendo del lugar a donde vaya. (1,2,3,4,5)

5. Soy respetuoso de los derechos, tanto de los propios como de los ajenos. (1,2,3,4,5)

6. Mi casa está limpia y ordenada, es acogedora y funcional. (1,2,3,4,5)

7. En mi familia procuramos reunirnos con frecuencia y disfrutamos de tiempo de calidad, nos respetamos, apoyamos y ayudamos mutuamente. (1,2,3,4,5)

8. Soy miembro fiel de mi iglesia (congregación), coopero, participo y estoy bien integrado con el grupo de creyentes. (1,2,3,4,5)

9. Estoy satisfecho con mi desempeño en mi escuela/trabajo, soy diligente y leal, doy lo mejor de mí y produzco resultados de calidad. (1,2,3,4,5)

10. Cumplo con mis deberes con los gobernantes y con mi país (pagar impuestos, votar en las elecciones, cumplir con las leyes y reglamentos). (1,2,3,4,5)

ANEXO: EVALUACIÓN DE UN BUEN CIUDADANO CRISTIANO

11. Mantengo en lo posible mi comunidad limpia y en orden (limpieza en las calles, los parques, etc.), si algo está mal, lo comunico con las autoridades responsables. (1,2,3,4,5)

12. Mi comportamiento y proceder ante los demás en situaciones formales es propio y correcto, siempre con respeto y dignidad. (1,2,3,4,5)

13. Mi comportamiento y proceder en situaciones informales como con amigos y en fiestas es siempre respetuoso, sensato y dentro de los límites. (1,2,3,4,5).

14. Respeto y mantengo una distancia prudente al interactuar con personas del sexo opuesto. (1,2,3,4,5).

15. A la hora de ingerir los alimentos guardo compostura y limpieza, como apropiadamente y evito hacer cualquier cosa desagradable. (1,2,3,4,5).

16. Mis miradas, lenguaje corporal y cualquier otra actitud son siempre respetuosas, evitando incomodar a los demás. (1,2,3,4,5)

17. Trato con respeto toda forma de vida, plantas y animales, procuro preservarlos y dejarles vivir en paz. (1,2,3,4,5)

18. Siempre dispongo de la basura propiamente, en su lugar debido. (1,2,3,4,5)

19. A las personas difíciles de sobrellevar, que tienen diferentes valores y creencias, les respeto y doy su espacio. Pero mantengo firmes mis convicciones y valores. (1,2,3,4,5).

20. Entiendo las diferencias entre hombre y mujer, respeto sus roles, según lo que está establecido en la Biblia. (1,2,3,4,5)

21. Procuro reservar cuestiones íntimas y pláticas de índole personal solo para con mi cónyuge y personas especiales como médicos, terapeutas o consejeros profesionales, no hago bromas al respecto ni divulgo mis intimidades. (1,2,3,4,5)

22. Siento vergüenza de salir a la calle sin estar completamente vestido o si no estoy vestido propiamente, no me gusta exhibir mi cuerpo. (1,2,3,4,5).

23. En mis ratos de juegos y bromas, guardo respeto de no herir o hacer algo indebido, siempre conservo un límite a mis juegos y bromas. (1,2,3,4,5).

24. Procuro conservarme íntegro delante de Dios, no ser hipócrita ni engañar, que mi palabra sea veraz y mis hechos acordes a mis palabras. (1,2,3,4,5).

25. Soy honesto, trato siempre de hablar con la verdad, la verdad completa y sin buscar excusas, decir la verdad con amor y tacto, sin afán de ofender o sacar ventaja. (1,2,3,4,5).

EVALUACIÓN DE LOS RESULTADOS:

Sumar todos los puntos

Si tuviste entre 0-25 Tu civismo y comportamiento es muy pobre, necesitas mejorar tu civismo, moral y buenos modales. Lee los capítulos de este libro, tu Biblia y ora a Dios para mejorar.

Si la suma está entre 26-75 Tienes cierto concepto de moralidad, tu civismo es mediocre, hay muchos puntos que puedes mejorar, pero eres un ciudadano con una equilibrada noción de comportamiento, lee este libro, lee tu Biblia, particularmente las epístolas de Pablo, y ora a Dios para mejorar tu calidad y tu comunidad.

Si la suma está entre 76-100 eres un buen ciudadano, tienes muy buen civismo, moral y buenos modales, puedes ser ejemplo para los demás y dar consejos prudentes, te aconsejamos que leas este libro y otros afines, tu Biblia, mayormente en las epístolas de Pablo, y ores a Dios por mejorar aún más.

Si la suma es más de 100. Eres un ciudadano modelo. Tienes muy buen concepto de como un cristiano se debe de comportar, puedes mejorar tu comunidad al dar ejemplo y consejos, te animamos a que instruyas ya sea en tu iglesia o en tu comunidad de como debe ser un buen ciudadano, también a que desarrolles proyectos para mejorar tu comunidad, tales como organizar grupos para limpieza de parques u otros servicios en la comunidad, lee este libro y prepara lecciones para presentar a otros, lee tu Biblia y desarrolla enseñanzas para las familias, las epístolas de Pablo son muy buen recurso, ora a Dios para que te use como guía, te felicito por tu carácter.

Referencias:
La Biblia Reina-Valera versión 1960.
Oxford languages
https://www.google.com/search?q=pudor+definicion&rlz=1C5CH-FA_enUS915US915&oq=pudor+defi&aqs=chrome.0.35i39i650j69i-57j0i512j0i22i30l6j0i15i22i30.3541j1j7&sourceid=chrome&ie=UTF-8

www.ingramcontent.com/pod-product-compliance
Lightning Source LLC
Chambersburg PA
CBHW070105080526
44586CB00013B/1190